人生の「ねじ」を巻く77の教え

日東精工株式会社 企画室

ポプラ社

人生の「ねじ」を巻く77の教え

ブックデザイン　モリサキデザイン
イラストレーション　ヨシタケシンスケ

ねじとは
モノとモノとをつなぐもの。
ねじによってモノがつくられ、
モノを介して人と人とはつながります。
私たちがつくるねじは、
心と心を締結する、そんな役目を担っています。

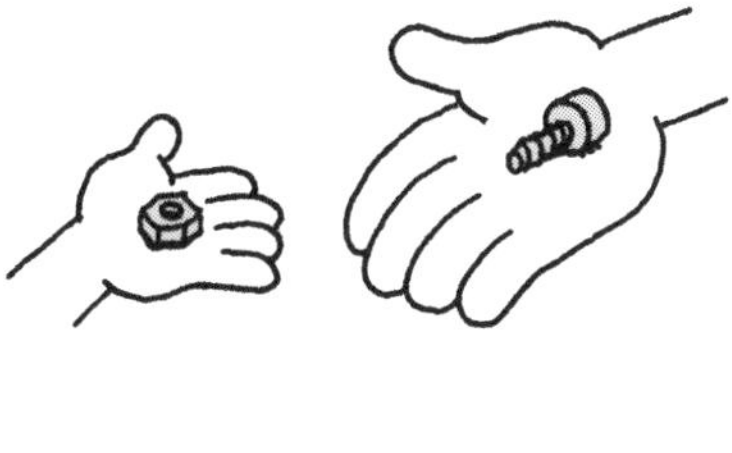

はじめに

私たち日東精工株式会社は、東京証券取引所一部上場のねじメーカーです。京都の綾部市に本社をおき、さまざまなねじ、自動ねじ締め機、ねじ締めロボット、計測制御機器などをつくっています。

とくに精密ねじ、極小ねじでは日本でナンバーワンのシェアを誇ります。自動車や家電製品、デジカメ、パソコン、携帯電話、医療器具……、いろいろな分野で私たちのねじが使われていて、実は目立たぬところで、みなさまのお役に立っているのです。

ねじは、いってみれば空気のような存在といえるでしょうか。

ねじも存在そのものは誰もが知っています。でも、ほとんどが目立たぬところで使われていることもあり、たいていは誰も気にとめません。しかし、ねじは私たちの暮らしの中で便利、快適、さらに安全を支えるものとして不可欠で、ねじがあってこそ、私たちの生活が成り立っているのです。

私たちはそんなねじづくりに携わっていることを大きな誇りに思っています。そして、ねじづくりのためには人づくりこそ大事だと考えています。人と人とのつながりも大切と考え、人財教育に力を入れています。

当社には『リーダーハンドブック』『経営幹部のガイドライン』『ザ・プロフェッショナルへの道』という社員研修用のオリジナルテキストがあります。これらは社員一人ひとりが自ら誇りと責任を持って仕事に取り組んでいくための手引書であり、さらに自己能力の高みを目指すための啓蒙《けいもう》書であり、自己を省み「ねじを巻き直す」ためのヒント集です。

今回ご縁があって、このテキストを編集して一般の方向けに一冊にまとめませんかというお話をいただきました。

モノづくりの会社が大事にしていることが、みなさまの生き方やビジネスにおいてお役に立てるのであれば、これほどうれしいことはありません。そして、これを機会に「ねじ」についての理解を深めていただければと願います。

ねじから教わることは実は多いのです。

ねじはゆるむことがないようにするのが基本ですが、外したいときにすぐに外れないとねじではありません。一見矛盾する二つのことをこなしていかなければならないのです。あるいは、ただ強く締めればいいということではなく、ほどよい締め具合があるとか、いろいろな種類があって適材適所を考える必要があるとか、ねじにも男（おねじ）、女（めねじ）があってパートナーが大切であるとか、さあ、そんな風に考えると、ねじと人の生き方は似通うところが多いですね。

いつもは裏方、黒子に徹しているねじですが、本書では少しだけでしゃばって、日ごろの生活で「ねじがゆるむことのない」よう、熱い思いを語らせていただきます。

日東精工株式会社　企画室

目次

第二章

第三章

第四章

第一章

目に見えないところでも
私たちの生活をしっかり支えているねじ。
一見地味ですが、ねじから教わることはとても多いのです。
あなたの心のねじ、締まりすぎていませんか？
ゆるみすぎていませんか？
たまにはゆっくり点検してみましょう。

1

三つの「あ」を武器にして努力しよう

あなたと私の合言葉

京都のタクシーの運転手さんには、「三つの〝あ〟を大切に」という合言葉があるそうです。「あいさつ（挨拶）」「あいそう（愛想）」「あんぜん（安全）」の三つだというわけですね。

これらは私たちにとっても大事なこと。とくに三つめの「安全」は、ねじづくりに携わる会社にとっては欠かすことのできないものです。ねじがゆるんだり、外れたりしては事故やトラブルの原因。小さな部品から機械の一つひとつまでが、安全にかかわっていることを肝に銘じましょう。

ビジネスの場では、新たに三つの「あ」を武器にすることも提案したいと思います。

まず一つめの「あ」は「あし（足）」。情報化の今日、フットワーク、機敏な行動力はきわめて大切な武器となります。パソコンの前に座りきり、ネットからの情報に頼りきりは、この際禁物と心得てください。

二つめの「あ」は「あせ（汗）」です。額に汗する一生懸命な、真摯な姿勢は昔も今も変わらない尊い武器だといえるでしょう。

そして三つめの「あ」は「あたま（頭）」。いうまでもなく、アイデア、知恵で勝負せよということですね。脳にも汗をかかせましょう。

厳しいビジネス社会を、この三つの「あ」を武器に、より磨きをかけて、乗り越えていってほしいものだと思います。また、さらに加えるなら、自分の仕事に「愛情を持って」「あかるく」「あきらめず」取り組めるといいですね。

2 「磨く」と「拭く」の大きな違い

光らせるのが「技術」

似ているようでまったく深さの違う言葉がありますね。

たとえば「磨く」と「拭く」。花瓶を布切れでサッとこすってホコリを取るのは「拭く」、ピカピカに光るまで同じところを何度もこするのが「磨く」ということです。だから花瓶でもタンスでも靴でも、拭くだけでは光りませんが、磨けば光ります。よそのお宅や会社を訪問しても、拭いたところと磨いたところは、たいてい見た瞬間にわかってしまいます。

このように、磨くというのは同じところを何度もこすって光らせることをいい、それが「技術」になります。たとえば、野球の練習でも同じ動作を何度も何度も反復します。こうして野球の腕が磨かれていくのです。

自己啓発も仕事も同じこと。語学力を身につけたい、表現力や説得力を高めたいと思うなら、同じことを繰り返し、繰り返し練習することです。頭を磨きたいと思うなら考えに考え抜くこと。それがあなた自身を輝かせる一番の近道だと思います。

3 オカシイものをオカシイと感じて動く

全方向へアンテナを

たとえば、書類がサカサマに差し込んであったとします。それを見て、今すぐ困らないからとそのままにしておくのか、やっぱり変だ、居心地が悪い、直しておこうと手が出せるかどうか。みなさんはいかがですか。

エンジンの音がいつもと違う。ちょっとオカシイと感じるセンスが事故を未然に防ぎます。オカシイものをオカシイと感じ、それをすぐに正そうとする心、これは仕事において大切な感覚です。

私たちの会社にはねじを締めるロボットを製作するために、機械加工をする部署があります。いつもは丁寧に指差呼称《しさこしょう》の点検をしてから機械を稼働させるA君が、これを二〜三日怠っているのに班長が気づきました。A君にしては珍しい、というよりオカシイと思い問いかけてみたところ家に心配事があるようだ。カウンセリング担当者と連携して解決の方向を見出し、通常の仕事ぶりが戻りました。気づかずにいたならば、大きな事故を引き起こしていたかもしれません。

部下あるいは後輩を指導する立場にかかわらず、私たちは共に働く人の日常行動の変化も感じとらねばなりません。

売上データの動きから、ニーズの変化、兆候を感じとるなど、アンテナは全方向に向けていたいもの。日ごろから小さなことにもアンテナを働かせ、オカシイものはオカシイと感じるセンスを磨いていきましょう。

4 点と点、線と線をつなぐ

情報を確かな判断に

子どものころ、絵本やマンガで、点と点を番号順につないでいくと、それが動物になったり乗り物になったりして、次第にものが見えてくる遊びをしたことがありませんか。不思議なものが現れてワクワクする、そんな気持ちを思い出してください。

「点と点をつなげると線になる。線と線は面としての輪郭をつくる。この輪郭が正しい判断の呼び水となる」

これは、四〇年以上前から当社の教育テキストに書かれている言葉です。点は、現場でかわされる言葉であり、お客様からいただく声でもあります。それを私たちはモノづくりに反映させて、面として形づくります。

大切なのは、その点を一時的なものとしてとらえるのではなく、時系列につなぎ合わせてみること。ただその場の現象として判断したり対応したりするのではなく、複数の点としてつなぎ合わせて考えること。つなぎ合わせることで、何が望まれているのか、何を期待されているのかがわかってくるのです。

当社の技術年表を見ても、こういった判断からの事例は少なくありません。身近な例を挙げるなら「眼鏡用ゆるみ止めねじ」の開発も一例でしょう。眼鏡のファッション化の傾向が高まるにつれ、レンズとツルの結合箇所がゆるんでしまい、レンズが外れて困ったという声（点）が届くようになりました。

眼鏡は閉じたり開いたりが多いので、どうしてもねじがゆるみがち。おしゃれのための眼鏡は着脱の頻度も多くなり、その傾向がますます強くなります。レンズが外れやすい方々に共通な扱い方（線）を調べ、ねじ山に縦の溝を切って樹脂を入れることでゆるみにくいねじをつくりました（面）。この眼鏡用のねじを早速得意先に提案、今風にいえばソリューション活動の展開となったのです。

この「点と点をつなぐ」は、アップルコンピュータの創業者、故スティーブ・ジョブズさんのスピーチが有名ですね。ジョブズさんは、点と点のつながりは予測できないが、歩む道のどこかで点と点がつながると信じれば、自信を持って思うままに生きることができる、という趣旨のことを述べています。

点と点の発想は、売上データについても同様に有効です。グラフ化し、傾向線の先に来るものを予測すること。これを点のままで放っておくと、「テンでわからない」なんてことになってしまうので要注意。

5 「私は会社の歯車だ」といえる自信を

思い上がった発言に要注意

「私はどうせ組織の歯車にすぎない」などという人がありますが、本当にそうでしょうか。時計の小さな歯車は、そのどれか一つが欠けてもいけません。

もし、あなたが組織の歯車だとするなら、あなたの仕事を除けば、組織はストップしてしまうはずです。あなたがいなくても会社の業務が滞りなく進行するならば、あなたは歯車という存在ではないのです。「私は歯車にすぎない」などというのは、思い上がった発言だと考えてください。

あなたがいなければ会社は困る。あなたを失うことは将来にかけて会社の大きな損失だといわれる存在であってほしいと思います。

たとえば私たちが関係しているねじも、小型乗用車には約三〇〇〇本、防衛省の所有する戦闘機F－15には三二万本、二〇一四年三月三一日にラストフライトを終えたジャンボジェットB747になると三〇〇万本近いねじが用いられます（門田和雄著『トコトンやさしいねじの本』より）。当社が得意とする精密ねじ、極小ねじなども、車や航空機以外にもパソコンや携帯電話、デジカメといったIT機器、光学機器などに使われ、その一つひとつに意味があります。一眼レフカメラなら約一二〇〇本のねじがそれぞれの分担で多機能を支えています。

むしろ「私は会社の歯車だ」と堂々といい切れる自信を持ちたいものです。そしてそういったスタンスで仕事に臨める人が大きく成長していくのです。

6

照れを捨てて取り組んでみる

伸びる人、伸びない人の違い

人間誰しもですが、いいことをするとき「どこか照れてしまう」傾向がありますね。お年寄りに席を譲るとか、荷物が多くて立ち往生している人の手助けをするといった小さなことでも、なんとなく照れが生じてしまって、つい二の足を踏んでしまうようです。

職場でも、会社の方針が発表されると「さあ行こう！」というように、率先垂範、先頭に立ってやることのできない人、これも結局照れのなせるわざです。「彼がまたいいかっこうしているよ。点数上げようと思って一生懸命だ」。こういった見方をされはしないかと周囲の目を気にして躊躇してしまうのです。これではせっかくの前向きな姿勢も、ないのと同じで能力の発揮もできません。

きちっとした挨拶が照れてできない、ミーティングの場などでも自分の考えをはっきりいえない。これは、もったいないことです。思い切って照れを捨て、自分の意見、正しいと思ったことをきちんと表明し、行動に移すことが大切です。

ビジネスの場で伸びる人、伸びない人の違いは、よいことをするのに照れを捨てて取り組めるかどうかにかかっているのです。

7 仕事の最前線に上司はいないことが多い

指示待ちからの脱却を

「ラグビーに監督はいらない。試合が始まれば、何の指示もできない競技だ。選手が自分の判断で動かねばならない」

これは多くのラグビーチームの監督が語ってきた言葉です。古くは約九〇年前、京都出身で東京大学のラグビー部を創設した香山蕃《しげる》さんから受け継がれ、最近では、元・早稲田大学監督の中竹竜二さんも自著の中で、同じような趣旨のことをいわれています。これからも生き続ける箴言でしょう。

監督は、試合開始前かハーフタイムのときの作戦指示はできても、いざゲームが始まれば、選手個々の動きに任さなければなりません。試合の流れは、選手一人ひとりが、日ごろ鍛えた実力を発揮しながら自分でつくっていくのです。

ビジネスもまた、ラグビー競技と同じことがいえるでしょう。たとえば、セールス活動にしてもいちいち上司がついて回ることはできません。いざ商談となれば、事前のミーティングである程度の指示はあっても、頼れるのはプレイヤーであるあなた自身なのです。

仕事の成果は、自分がカギを握っている、そうした気概と責任感で日々の仕事に取り組んでいただきたいものです。

8 「パナシ病」は早期検診で退治しよう

伝染力が強いので要注意

「パナシ病」という病気があるのをご存じでしょうか。

医学辞典にも載っていない現代人特有の文明病の一種で、しかも伝染力はきわめて強く、一度かかったらなかなか治らない点、水虫に似ています。

電灯のつけっぱなし。靴のぬぎっぱなし。水道の出しっぱなし。道具の使いっぱなし。品物の置きっぱなし。仕事のやりっぱなし。

いかがですか。みなさんは大丈夫でしょうね。もし商品の入れっぱなし、売りっぱなしとなれば、これはもう重症です。これが広がると、会社は危篤状態になってしまいます。

要は、後始末ができない人間が一人いると、だんだんそれが人にうつり、会社全体に行き渡って大きな穴があいてしまうのです。今からでも遅くありません。「パナシ病」にかかっていないかどうか、早期検診を実施していただくことをお願いします。

9 喜びは倍にして悲しみは分け合って

共有することの大切さ

今の天皇陛下が、美智子さまとご交際を始められたころのお言葉を当時のご学友から聞きました。

「これからは、喜びは倍にして、悲しみは分け合って、心豊かに歩みましょう」

いいお言葉ですね。

感情を表に出すことは恥ずかしいと思う人もあるでしょう。その気持ちもわからないでもありませんが、「喜びの爆発」はみなを幸せにします。ポジティブにします。パワーを与えてくれます。

会社でも同じです。目標達成や新製品開発のときはもちろん、お子さんの誕生、ご家族のお祝いなど私的なことも一緒に喜んであげましょう。

「九人で走ったから喜びも九倍です」

元マラソン選手の増田明美さんが一九八三年の全国都道府県対抗女子駅伝で優勝した際、千葉のアンカーとしてインタビューの中で答えていたのが印象的でした。

会社でいえば、社員の総数倍、それに家族や会社の関係者まで入れて大きな倍数で喜びを共有したいものです。私たちのつくる「ねじ」だって、それがお役に立っている先の先まで考えれば、想像もつかないほどの喜びの広がりがあるのです。

10

物は取るときよりも置くときに丁寧さを

茶人からのアドバイス

物は手に取るときより、置くときに人柄の差が出ます。

お茶碗などを「ガチャン」と音を立てるような置き方をすると、荒っぽい人、雑な人だなどと評価されてしまいます。ちょっぴり注意して、静かに置きましょう。とくに由緒ある茶碗などを傷つけると取り返しがつきません。

他社を訪問したときは、帰るときに差がつきます。ドアは静かに閉めて出てください。商談がうまく進まなかったときなどは、とくに注意しましょう。気持ちが滅入り、動作も荒々しくなりがちですが、再チャレンジのためにも丁寧に退出しましょう。

千利休の言葉に「手離れは恋しき人にわかるると知れ」という一節がありますが、これは道具の扱いについての心構えを示したもの。道具を置いて、手から離すときは、あたかも恋人に別れを告げるときのような思いを持ちなさいという意味ですが、そんな余情を持たせれば申し分ないでしょう。

また仕事では、スタートのときより終わりに近い、そろそろゴールが見えてきたというようなときに事故が起こりやすいものです。たとえば大工さんの仕事でも、梯子《はしご》を登るときより降りるときのほうにケガが多いとか。

茶道の先生方がよくおっしゃっている「道具は取るときよりも置くときに綿密であれ」という言葉は何にでも当てはまる、応用範囲の広いアドバイスです。

11

「一」という字を辞書で調べると

日々のサイクル

「一」という字を辞書で調べたりはしないでしょう。でも遊び半分に調べてみると意外な意味があることがわかります。「はじめ」「物事の最初」という意味は当然ですが、「すべて」といわれると、そうだったなと思います。「一天にわかにかきくもり」といえば、空全体を表します。

「心を一つにする」といえば「同じ」という使い方です。そのほか「もっぱら」などというと「ひたすら」とか「ある一つのことに専念するさま」を指すようです。それに辞書によれば、「最上」「最高」の意味もありますね。知っていると思うことも、ときには調べ直すと視野が広がります。

一といえば、一年に一度くらいは日の出を見ましょう。パワーが漲《みなぎ》ります。「旦《たん》」という字は雲海や水平線「一」の上に「日」が昇る、ご来光の象形文字です。さらには誕生にもつながる文字とされています。

毎朝の早起きを決意しても、なかなか続かないでしょう。せめて月に一度、あるいは年に一度でもいい、日の出を見ると、自分にも日の出の勢いが漲るように思えてきます。

「朝は希望に起き、昼は努力に生き、夜は反省と感謝に眠る」

こんなサイクルで、日々を回していきたいものです。

12

「できない理由」を分解すれば……

三つの「できない」に向き合う

私たちは、案外気軽に「できません」という言葉を口にしてはいないでしょうか。でも、なぜできないか、その理由を考えてみたことはありますか。

私たちが「できない」という場合、大きく分けて三つの理由が考えられます。それは、自分一人ではできない、今すぐにはできない、今までの方法ではできない。この三つです。

一人でできないときは、誰に応援の手を借りればよいかを考える。

今すぐできないならいつできるのか、期限を延ばしてもらうことも頼んでみる。

そして今までの方法でできないのなら、どんな方法ならできるのかを、考えてみる。

そう考えれば、本当に「できません」と口にしたくなる場合は、ごくわずかなように思えてきます。「できません」という前になぜできないか、その理由を分解して組み立て、「こうすればできます」と気軽にいえるようになってほしいものです。

当社では一人でできないとき、すぐ応援できるように、「多能工化」（複数の作業や工程を遂行できるスキルを持つ人を育て増やすこと）を進め、フレキシブルな対応体制を確立しています。

その成果として誕生したのが、今業界でベストセラーになっている「高性能ねじ締めドライバー」。安価でしかも耐久性、メンテナンス性に優れているものを探されていたお客様から他社では「できない」といわれ持ち込まれたケースで、ねじ締め強さを締付部品に最適に設定できること、サーボモーターの採用によりブラシ交換を不要にし、従来の耐久性を抜群にレベルアップさせることを使命として、取り組みました。開発は困難をきわめ、ソフトウエア開発を含めると数年の歳月を要しましたが、粘り強く取り組むことで、「ひとりでできない」「すぐにはできない」「従来のやり方ではできない」の三つの「できない」を完全追放した事例といえるでしょう。

「取り組んだら、成果が出るまであきらめない日東精工」を標榜する以上、「できない」という言葉は禁句なのです。

13

「どうぞお先に」といってみよう

アフター・ユーの効果

アフター・ユーの精神を持つと心が和らぎ、爽快感が味わえます。

心に余裕ができると、行動にも余裕が生まれます。ふだんは見過ごしていたものも目に入り、見慣れた景色も新鮮になるでしょう。

簡単なことでいえば、ドアを開けて建物の中に入るとき、あるいはエレベーターに乗り込もうとするとき、我先にではなく「どうぞ」と相手に譲るという動作をするだけでも、自分の心が和らぎます。また譲る気持ちは相手に通じます。ときには例外の人もいますが気にせずにおきましょう。また譲られた方は、お返しに道を譲ったりしてくれます。お互いの気持ちが伝播していくように、いいサイクルができたりもします。

ブッフェ形式のレストランで、好みの料理を盛りつけようとするとき、売店のレジに並ぶときなど、急がないときには、ぜひともアフター・ユーを！

地元密着・地域貢献ということが求められる中、やはり大切なのは「誠実」、そして

「謙譲」の精神。「理想は高く姿勢は低く」のスタンスに磨きをかけましょう。

アフター・ユーの精神は、周囲の人への気配りです。この精神があなたの心の余裕をさらに生み出すと思います。とはいえ、余裕を持つことは簡単なことではありません。意識してつくり出すために、仕事の中身を見直しましょう。

14 大変より小変

事前の対策が肝心

「大変より小変が大切なことがある」

こう申し上げると奇妙な感じを受けるかもしれませんが、ぜひ心にとめておいてほしいのです。

たとえば、カエルを熱いお風呂の中に放り込みますと、「熱っ」とばかりに、すぐ飛び出します。ところが冷たい水を入れた風呂に泳がせておいて、徐々にあたためていきますと、小さな温度変化のために鈍感になってギリギリまで気がつきません。熱いと思ったときには力が萎えていて飛び出せず、茹でダコならぬ茹でガエルになってしまいます。これは、経済学者や経営コンサルタントの間では「茹でガエル現象」と呼ばれる有名な寓話です。

ビジネスでも同じことで、大きな変化には誰しも敏感に対応しますが、小さな変化は見過ごしがちです。職場のマナーの乱れが徐々に起こっている、売り上げでも、わずかずつ上がったり下がったりしながら低下傾向を辿る、こういった小変を大変の前触れと受けとめて、早めの対策を講じたいものです。

15 あなたの仕事にキャッチフレーズを

パフォーマンスを際立たせる

パフォーマンスという言葉が使われて久しいですが、日本語で表現しようとすると、しっくりくる言葉が見つけにくいもの。会社なら「業績」、製品なら「機能」を指して、高い低いで評価します。個人の場合は、業績を「能力発揮」に、機能を「専門」と意訳してもよさそうです。

「どんな仕事をしているのですか」と人から聞かれたときに、「サラリーマンです」と当然のように答えてしまうのは、ちょっとさびしいことですね。サラリーマンなんて種類の仕事はどこにもありませんし、仕事というのはもっと具体的なものです。

私たちの会社には資格制度があり、班長、係長、課長と役職レベルに応じて求められる技術能力や管理能力を問う資格テストが行われます。

ある年、初級クラスを対象とした問題の一つとして、「あなたの仕事にキャッチフレーズをつけよ」という問題が出題されたことがありました。担当業務を短くまとめ、胸を張っていえるコピーをつくって自己表現しなさいというものです。

営業部門からは「私はお客様の困っていることをヘルプする、提案型の営業をしています」。製造部門からは「ねじの博士」とか「ねじのことなら何でもおたずねください」など、自分の専門に誇りをもった解答が記されました。

言葉にすると一見簡単そうですが、いい切る自信と覚悟を持つことは大切。キャリアを積んでも、担当部門が変わっても、キャッチフレーズにふさわしい心意気で取り組んでもらいたい。名刺の肩書きに、こういった言葉、キャッチフレーズを添え書きできる自信が備わってくれれば、名実ともに際立つ存在です。

16

フロシキは正方形のように見えて正方形ではない

まずは知識と経験の蓄積を

「最近のフロシキは、きちっと正方形になっていませんね。仕立てというか、加工が荒いのでしょうか?」

「いいえ、フロシキは本来、正方形ではないのです。フロシキは遠く奈良時代から生活に取り入れられてきましたが、あえてタテヨコの長さを違わせてあるのが多いのです。タテヨコの長さの違いは包みやすいからで、生活の知恵の所産なのです」

こんな話を持ち出したのは、フロシキ論議をしたかったからではありません。人間というのは、いかに自分勝手な尺度でものを見たり解釈していることが多いかということです。

何でもないことのように見えるものでも、その背景には人間の知恵や経験の蓄積が込められています。これは、フロシキだけでなく、お茶やお花の世界でも同じこと。それだけに、私たちはこういった基礎になるものをぴしりと押さえ、そのうえに個性を発揮しなければなりません。この辺りを無視してやるのは我流のそしりを免れません。

私どものねじについてもいえることです。お手もとにねじがあったら手に取ってみてください。用途によって形は異なりますが、一般的にはピンのような先端部があるでしょう。円筒形をした軸はゆるやかに細くなりはじめ、ねじ山は一点で消失します。「なめらかに細くなって消える」ことが重要で、ねじ山が突然終わってしまうと、ねじがスムーズにねじ込めなくなってしまうのです。

これからも経験の蓄積を踏まえ、そのうえで他社にまねのできない新機軸を生み出したいと思います。

17 固い漢字をやわらかく表現する

ほぐすと動きやすくなる

商談やスピーチの場では、固い漢字をそのまま口にするのではなく、いったんやわらかいイメージでとらえて伝えるようにするといいでしょう。

アメリカの作家・ウィルファード・アラン・ピーターソンさんの本を、編者の知友である小林薫さんが訳したのですが（『生き方の技術　とっておきの宝物　人生をより豊かにする75の知恵』）、「寛容」という言葉を「暖かさ」などに読みかえ列挙しているのを見つけ、うれしくなりました。

たとえば次のような表現です。

「寛容とは、暖かさのことである。それは、あらゆる相違を超えて友情の手を差し伸べることである。寛容とは、フェア・プレイをすることである。それは、むりやり自分の考えを人に押しつけない。寛容な人は、自分自身の立場は決めていても、人に対しても同じ自由を認める。寛容とは、人を見下げず、人を見上げることである」

あなたも、こんな調子で言葉の概念を解きほぐし、読みかえてみませんか。やわらかくすることでその言葉の持つ本質が見えてきます。そうすることで、その本質にアクションをともないやすくなります。

たとえば、「期限」という言葉も、守らないとその時点で「無効になるとき」といいかえてしまえば、いつも書類の提出期限を守らない人にも通じやすく、作業がスピードアップするかもしれません。商品も消費期限のときをもって廃品になりますね。

二文字とは限りません。四文字でもいけます。

「電光石火」は「見たら行く、聞いたら走る、いわれたら飛ぼう！」といったところでしょうか。

18

強くなければ美しさは保てない

ムダのない動き

京都・祇園といえば、だらりの帯や舞妓さんのイメージが続きますが、あの帯の長さは六・五メートルほどに及びます。冬場ですと、長い帯から装飾品まですべて含めると、重さは約二〇キロになるとのこと。

身近なものと比較してみるなら、米袋を四袋持ち上げてみるとわかるでしょう。

五キロ入りを一袋持って歩くだけでもかなりの負担です。それでも笑顔で会釈を交わしながら軽やかに歩いたり、お座敷に上がって舞を披露したりできるのは、正しい姿勢、正しい着付け、正しい歩き方などが基本にあるからでしょう。舞妓さんのお稽古の厳しさは昔から有名ですが、理にかなった所作をとことん体で覚えることで、強さに裏打ちされた気品のある美しさが醸《かも》し出されるのです。

ところでねじは、ときにはトン単位のものを支えます。もちろん、ねじを舞妓さんと同次元で語ることはナンセンスですが、その起源を古代ギリシャの時代にまで遡り、今の時代に生き抜いてきたねじの構造を見るにつけ、そこに強さと美しさを見出すことができるのです。

ビジネスの場でも、できる人は動きにムダがありません。立ち居振る舞いがどことなく美しい。仕事の席で疲れた姿を見せない。あなたも得意先からの呼び出しがかかれば、雨の日でも「いいおしめりですねえ」とさっそうとドアを開けましょう。「おまえさんはいつも元気だね。その元気の気をもらいたいよ」とほめてもらいましょう。

最近の営業活動を見ていると、必要なデータをパソコンに入れ、あまり荷物を持たないで出向く傾向が見受けられます。それでこと足りるケースもあるのでしょうが、やはり現物の威力は大きいのです。私たちはお客様に合ったねじのサンプルをケースにその都度用意し、営業活動を行っています。もちろん、舞妓さんの衣装のように二〇キロを超えることは稀ですが、担《かつ》いでいってデモ活動に「活」を入れることが大切です。

19 忍耐とは希望であると定義しよう

言葉の解釈を前向きに

忍耐といえば、「つらさや苦しさ、怒りをじっと我慢すること」といった意味が、すぐ頭に浮かびますが、これをビジネス用語として解釈するとき、次のように改めてみてはいかがでしょうか。

つまり、忍耐とは、

①どんな小さな仕事にも誇りを持ち、そこから生まれた体験を大きな仕事の夢に結びつけること。

②辛抱強く次のチャンスを待ち、スランプを克服すること。

③他人の中傷や誤解に耐え、自分の役割に信念を持って遂行すること。

いかがですか。このように定義すれば、忍耐も前向きに受け止められますね。

仕事が厳しい、目標が達成できない、ここはじっと我慢を決めるというのは誰しも経験のあることですが、そんな場合も自分を成長させるいいチャンスだと考えたいものです。あの手、この手と考えて、目標、あるいは希望を得るためにトライしていく。換言すれば忍耐は希望（を得るための技術）であると定義できましょう。

日本で最初にノーベル賞を受賞されたのは、京都大学の湯川秀樹博士ですが、テレビ番組での対談で「長い夜を泣き明かしたことのない人間に、人生を語る資格はない」というようなことを語られていました。以降、新たな発見をされたり偉業を達成された方々のコメントにも、これに近い印象を受けることがありますね。忍耐は希望に通じるという共通項なのでしょう。

20

心の眼を磨けば他人のいいところが見えてくる

感謝の気持ちを持つ

人には誰でも長所があれば短所もあります。そして周囲の人に対しては、短所を見るより長所を見るようにしようということもよくいわれます。別のいい方をすれば、人のすばらしい面を発見する人は、すばらしい心の眼を持った人である、と定義してみたいと思います。

あの人は、いつも笑顔がいい。苦しいときや、いやな日もあるだろうに、いつも笑顔を絶やさない。私もあの人のいいところを見習いたい、と思う心。あるいは、朝、早く出勤して率先して掃除をしている、しかも今日一日の仕事の段取りをつけている、本当に尊敬できる人だな、と感心する心。

見落としがちなところを意識してしっかり見る。それは、感謝にもつながります。

小さなこと、大きなことにかかわらず、人のすばらしい面を素直に発見し、認められる人は、その人自身もまたすばらしい心の眼を持った人だといえるでしょう。

今日一日、誰かのいい面に眼を向けて、あなたの心の眼を磨いてほしいものです。

ねじにもオスとメスがある？

ねじなんて全部同じと思ったら大間違い！　たとえば、ねじにはオスとメスがあることをご存じでしたか？「おねじ」はねじの円筒または円錐部分の外側にねじ山（ギザギザ）があり、「めねじ」は内側にねじ山があります。この２つを組み合わせて締結するのがねじの基本です。

また、セルフタッピンねじというものもあり、これはおねじがめねじ加工の役目を兼ね備えているものです。下穴に回転し、削り込みながら進むことによって穴の内側にめねじが成形されるわけです。ほかにも、使用される素材、頭部の形状、ねじ穴の形状などで分類可能です。

直径わずか0.6ミリ!? より薄く、より軽くの追求

一般的には、ナットと組んで使われるおねじを「ボルト」、小ねじやタッピンねじのようにナットを必要とせず、かつねじ部の直径がM8（8ミリ）以下のおねじを「ねじ」といいます。日東精工では、精密ねじ（M1.4～M2.6）を日本で初めて量産化に成功、以来、カメラなどコンパクト設計の必要なあらゆる分野で採用されています。今ではさらに小さい極小ねじ（M0.6～M1.2）の生産も行っており、家電製品などの軽薄短小化に役立っています。

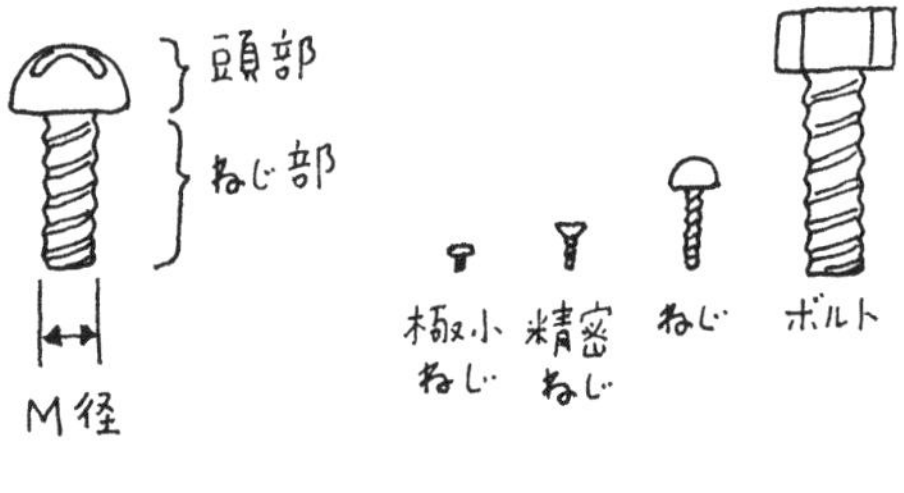

日本へようこそ！

日本にねじが伝わってきたのは1543年、種子島に火縄銃が伝来したころと考えられています。領主の種子島時尭《ときたか》の命で銃を模造しようとした刀鍛冶の八坂金兵衛《やさかきんべえ》は、翌年入港した外国船の鉄砲鍛冶に、銃身とその底をふさぐねじのつくり方を教わり製造に成功したそうです。このとき伝来した火縄銃の尾栓として用いられていたのが、日本で初めてのねじだったそうです。

ねじが使われていたのは、おそらく火縄銃の威力を活かすための工夫だったと思われます。もし尾栓がコルクだったら、発射した反動ですっぽ抜けて力が拡散してしまいます。ねじで固定することで力が一方向に向かい、最大限の威力を発揮できるようにしたのでしょう。

こうして日本にやってきたねじは、日本のモノづくりの基盤を支えるべく、今も生産され続けています。日東精工では国内外の工場をあわせて月産22億本、年間260億本以上のねじが生産されます。

第二章

ねじは縁の下の力持ち。
携帯電話、自動車、メガネ、洗濯機……、
小さなものから大きなものまで、
いろんなところで活躍しています。
軽量化、リサイクルなど、開発にはさまざまな理由があり、
ニーズに応えることが私たちの喜びです。

21

一つ変われば二つ、三つと変わっていく

オンリー・ワン・メイビー・ツー

仕事は、小さなきっかけで変化が生まれるものです。状況一つ変われば、二つ、三つと次々に物事がいい方向に変わっていくことがあるものです。

たとえば倉庫の整理整頓ができると、棚卸しの把握が正確になり、過剰在庫やデッドストックが減っていくでしょう。不良在庫が減少すれば、コストが安くつきますから利益が増えることになります。利益が増えれば、ボーナスだってたくさんもらえるというわけです。

また、ボーナスが出れば、やればやっただけ返ってくるものがあるという、社員にとってプラスの動機として作用することになるでしょう。

このように、一つの変革が、他の変革を呼び込んでいくことを知ってください。そしてそのためには、わずか一つでもいい、目の前のことを実行することから始めてください。

それは、たとえば引き出しのファイルの書類を整理することかもしれません。気になっていた案件について、誰かに一本電話を入れることかもしれません。一つの変革が実行できれば、たぶん二つめができる。そして二つめは三つめ四つめ、そして五つめへと物事を動かしていきます。ゼロはいくら重ねてもゼロですが、一は重ねるといくらでも大きくなっていくのです。

まさにオンリー・ワン・メイビー・ツーですね。

まず、あなたの第一歩が肝心だと心得てください。

22

深い穴を掘るなら広く掘ろう

専門分野の広げ方

「深い穴を掘るなら広く掘れ」といわれます。確かにそうで、針やドリルの先でつついても、たかだか掘れる深さは知れています。深い穴を掘るのなら、それに応じた広さが必要なのです。

仕事でもまた同じことがいえます。たとえば技術担当の人が、自分の専門分野をさらに掘り下げていこうとするなら、専門以外の分野にも広く興味を持って勉強することが大切です。

当社の社内テキスト三部作の一つ『ザ・プロフェッショナルへの道』には庭園の見方、石の配置の狙い、小説の読み方までを掲載しています。たとえば一例としてあげているのが京都・建仁寺にある「○△□乃庭」。

中ほどに、まるく盛り土して植樹されているところがあり、○の意味はすぐわかります。四角形の井戸もあるので□の存在もわかるのです。でも、いくら目を凝らしても△が見当たらず、ここで首をかしげてしまう方も多いようです。△はじつは庭の端に砂盛りされた台形（梯形《ていけい》）の左右の辺を延長させると、庭の外側で線が交わり浮かび上がってくる形。漠然と見ているだけでは、あるいは△は庭という枠内にあるものだという固定観念で探しているだけでは△は見えません。

当社では、○△□乃庭の例を活用しながら、枠に囚《とら》われていたのでは、技術開発の新しい発想は生まれないということを学んでいくのです。

人間の心理や時代の流行、あるいはもっといえば、雑学的なことにまで関心を持たれることが必要でしょう。そうしてはじめて専門の奥行きが出てくるのです。

専門書など深く理解しながら読むのが「読書」、雑誌など全体にわたってざっと広く目を通すのを一般には「通読」といいますが、「読書」に対して「見書」と造語してもいいかもしれません。「読書」と「見書」どちらも大切です。

技術に限らず、営業にしても経理の仕事にしても、それぞれの専門をより深めようとするなら、「深い穴を掘るなら広く掘る」を実践していただきたいものだと思います。

23 職場の仲間はあなたの内面を映す鏡

素直に耳を傾けたいこと

人間の目は、何かに映してでなければ自分を見ることができません。シェイクスピアの悲劇『ジュリアス・シーザー』の中には、「目は己を見ることができぬ。なにかほかのものに映してはじめて見えるのだ」というブルータスの台詞がありますが、昔も今も変わらぬ箴言と受け止めてください。

私たちは朝、出勤する際、鏡を見ます。ネクタイがゆがんでいないか、あるいは髪が乱れていないか、鏡を見ながら身だしなみをチェックします。このように鏡に映し出してはじめて、私たちは自分で自分を見つめることが可能になるのです。

けれども、外面的なことはそれでいいとして、内面的なもの、自分の性格とか態度とかが、人さまにどんな印象を与えているか、あるいは影響を及ぼしているかは、なかなかわからないものです。

コミュニケーション心理学で、よく話題になる「ジョハリの窓」というモデルがあります。①自分もわかっているし他人もわかっている一面、②自分はわかっているが他人にはわかっていない一面、③自分では気づかずにいるが他人には見えている一面、④自分も他人も気づかずにいる一面を、十字の仕切りのついた四つの窓にたとえています。いわば相互啓発ですね。

心理学者ジョセフ・ルフトとハリー・インガムさんの名前を組み合わせた「対人関係における気づきのモデル」ですが、とくに③については、仲間からの指摘がなければわかりません。

私たちは、これを遠慮せず指摘し合えること。また、指摘を受けたものは、素直に受け止められるようにすることを心がけています。それができているかどうかは、二五項で説明するような「従業員満足度意識調査」で検証しています。

職場の仲間は自分の内面を映す鏡の役割をしてくれると再認識しておきましょう。

24

「身近な違い」に注意する

ナレッジ・マネジメントへの誘い

私たちは、身近なことでも見過ごしていることが多いものです。たとえば「一万円札の裏には、どんな絵が書いてある？」と聞かれても、とっさには、なかなか思い出せないでしょう。表側は福沢諭吉の肖像ですが、裏はわからないという人が多いと思います。

さて、社内のことでも同じように見過ごしていることが多いもので、この際、身近なこと、とくに身近な「違い」に注目、注意してほしいと思います。

会社の中で、ずば抜けて成績のよい人がいるとします。それは営業でいえばトップセールスマンであるとか、製造でいえば丁寧ですばやいというように、手際がよい人です。スキルなのか人柄なのか、正確さなのか、スピードなのか、この人たちが他の人とどう違うかに気づき、他の人々に伝授できれば、ノウハウを共有できたことになります。

最近のビジネス用語でいえば「ナレッジ・マネジメント」です。高い実績を上げている人の能力を普遍化、マニュアル化することができれば、個人の経験やノウハウが組織に蓄積されたことになります。

このとき「彼は優秀です」だけで終わってしまえば、それまでです。ここで「彼は他の営業マンとどこが違うのか」を一歩踏み込んで注目します。すると、いろいろなことに気づくはずです。またそれは、その気になれば、誰でもできるものだということに管理者が「気づいた」とすれば、「気づいたこと」を他の部下の指導に活用すればよいのです。

身近な違いの発見が、ナレッジ・マネジメントの入口です。こういった発見は、営業に限らず、どこの職場でも必ずあるものです。一歩踏み込んで「なぜ、そうなるのか」を解明し、他の者にもできる部分を共有し活用することです。

25

人づくりは職場の定期点検から

米をつくる前に田を育てる

米をつくるには田をつくれといわれます。確かにその通りで、よい米をつくろうと思うなら草をむしり、土を耕し、肥料をやって、田を育てることが必要です。

陶器の世界では「陶器を焼くといわずに、窯を焼く」といいますが、これも同じ意味でしょう。窯の温度、時間など微妙な条件の設定が整ってはじめて、よい陶器がつくれるのです。

では、私たちがよく口にする「人づくり」には何が必要でしょうか。それには会社の風土が欠かせないと思います。それは職場の環境づくりといってもいいと思います。環境づくりといっても、設備的なことより先に点検すべきことがあります。

時間にルーズな職場風土、ユーモアの通じないギスギスした人間関係、必要なものが、すぐ取り出せないとか、どこに置いておいたかわかりにくいなど、真の意味での整理・整頓のできていない職場環境では、人を育てる土壌があるとはとてもいえないですね。あるいは連絡が行き渡らない、必要な情報が共有できない環境も考えものです。

日東精工では「従業員満足度意識調査」を定期的に行っています。職場の人間関係に関する満足度や、職場環境に関する満足度、人事報酬に関する満足度を五〇項目にわたって問いかけ、項目別の満足度から総合満足度をまとめ、よりよい職場づくりを目指しています。

みなさんの周りが、そうした基本的な職場環境になっているかどうか、ぜひとも定期点検をしてください。

26 人を示すときは指をそろえ掌《たなごころ》を上に

手の心で紹介する

手とは便利にできているもので、ものを握るときは重さや大きさや材質によって、握り具合を瞬時に調節します。ペンを持つときも、人差し指は上に中指は下にというように、それぞれが立派な役割を果たします。

水が飲みたいときは両手を重ねてすくい取ることができます。漉《こ》したいときには指と指の間を少し開ければよい。まぶしいときは手をかざして陰をつくります。方向を示すときも手は便利ですね。

このときは人差し指を使うと明快です。でも、この癖が、人を示すときに用いられると失礼であり、生意気に見られ損をします。「こいつが……」といった表現をしているのと同じ印象を与えてしまいます。

「掌」は「手の心」という意味がルーツ。古語では手を「テ」と発音せず、「タ」といっていました。手を返して指をそろえて掌を上にして、人さまを紹介する動作を身につけましょう。

ちなみに当社ではねじを締めるロボット、産業機械の設計・開発をしているので、とくに「手」には興味津々です。「千手観音」の手といえば少しいい過ぎかもしれませんがアームの先端に様々なツールをつけて数多くの作業に適応させています。人間の手は、ものを取るにも「つまむ」「つかむ」「にぎる」といった力の入れ方を瞬時に選択し、動作しています。この動作を細かく分類観察して、試行錯誤を重ねながら、ロボットの手をぎこちないかたさからやわらかさに進化させています。

27

あたたかい心からアイデアが湧いてくる

ジョークを飛ばせる人間性

私たちの会社ではレクリエーション活動を社員に奨励しており、野球、バレーボール、少林寺拳法などのクラブ活動を行っています。趣味や実用、体力づくりなど狙いはさまざまですが、社員同士の交流のため、あるいは地域活動の一環として、長らく続いている活動です。

レクリエーション活動の一つにサイクリングがあるのですが、あるとき川べりを走っていて道が悪く、長く伸びた草が自転車の車輪に巻きついてしまったことがありました。業務とは直接関係のないことですが、この「困った」「コンチキショウ」を前向きにユーモアにとらえたことが新規開発につながったという事例があります。

どんなものかというと、線材（ねじの素材となる金属をワイヤー状にしたもの）を機械に送り込む装置に、自転車の車輪の形を採用するというアイデアです。タイヤを外した凹のところを線材がスムーズに流れてゆくので、低コストで生産性を高める結果につながっています。

世の中で、あの人はアイデアマンだと呼ばれている人々に共通していることの一つは、ユーモアがあるということです。ときには、それが駄洒落のようなものであっても、思いつくという点においては、仕事のアイデアでも同じです。

ホンダの創業者である本田宗一郎さんも、生前「すぐれたジョークはすぐれたアイデアに通じる」と主張されていました。洗練されたウィットや、ユーモアの折り込まれたジョークが出てくるためには、知識の幅と、人情の機微を察する感性が必要で、だから、ジョークの飛ばせる人間性はそのまま優秀なアイデアを生む土壌であるとおっしゃりたかったのでしょう。確かに、狭い心、かじかんだ心からはユーモアやウィット、そしてアイデアが芽を出すことは考えられません。

28

言葉を濁らせると「くち」は「ぐち」になる

濁点を取って明瞭に

意志を通しているつもりが、意地を張っている場合がなきにしもあらず。目標の未達など、うまくいかないことを説明しているとき、私たちはどうしても弁解がましいことばかり口にしてしまいます。解決までの筋道を示さなければ、それは愚痴といわれても仕方ありません。

思い切って言葉の濁点を取ってみてください。同じ口から出るものでも濁点があるのとないのとでは大違いです。

その他、体調が悪い話、人間関係がうまくいかない話等々、誰かに聞いてもらいたいという気持ちはわかるのですが、誰かれかまわずしゃべるのは愚痴といわざるを得ません。親身になって相談にのってくれる人に語るなら、それは前向きな解決方法への道すじにもなるでしょうが、そうでない場合は、聞く人に迷惑をかけていると自覚しましょう。

語呂合わせのように見えますが、言葉も濁らせると正反対の意味になることが多いものです。

安い買い物で「得」をしたようで、あとで食品中毒の「毒」を買っていたなんてことにならないようにしたいものですね。

29 捨てなければ得られないものがある

剪定《せんてい》のすすめ

物事には、何かを捨てなければ得られない「モノ」、あるいは得られない「とき」があるものです。

たとえば、私たちは植物の形を整えたり生長を促すために、一部の芽や枝を残し、いらないものを取り除く「剪定」を行います。すべての芽を野放しにしておくと形の整わない雑木になってしまいますし、大輪の花を咲かせることもできません。里山も間伐をすることで、田畑の耕作物だけでなく、そこにつながる小さな生物にいたるまで命の循環が生まれるわけです。

これは、ビジネスの世界でもいえることです。

製品の種類や幅を広げすぎると在庫管理が大変です。そのうえ時間がたつにつれ時流にそぐわないものも出てきてしまい、コストアップを誘発します。市場に出したときには人気商品、しかもそれがロングセラーであれば愛着も湧きますが、今は状況が違って廃番にすべきという製品もあるかもしれません。

新しい商品開発や新販売戦略を立てるときなども、これまでのやり方にとらわれず、思い切ってしがらみや既成概念を捨てることが必要でしょう。

「捨てる」という決断は、時間の使い方においても同様です。業務において自己啓発に取り組むのであれば、遊びの時間をいくらか捨てることも覚悟しなければなりません。

それは、ときに苦痛がともなうこともあるでしょうが、何かをやり遂げるためには、こうした現状打破を進めることで、新しい世界が開けるのだと考えてください。

30

反省することとクヨクヨすることを取り違えない

雑念を切ろう

人間の頭は考えてもしようがないことについては、考えれば考えるほど悪くなり、考えなければならぬことについては、考えれば考えるほどよくなる。これは、大脳生理学により創造工学を提唱された中山正和さんが著書の中でおっしゃっていた言葉です。

雑念や妄想というものは、この考えてもしようがないことが頭に浮かぶことをいうのです。創造のためには余計な雑念を取り除き、ひらめきが生まれる道をつくらないといけません。

たとえば、何か仕事で失敗したとき、ほとんどの人は「あ、部長が怒るだろうな。どうしよう」などと考える。これが雑念です。なるほど、それは怒られるかもしれないが、これは考えても仕方がないことで、考えなければならないのは失敗の善後策です。なぜこんなことになったのか、原因と思われるものを思い浮かべ同じことが起こらないようセーフティネットを張ることです。

またフリートーキングなどで発言した後、「もう少し言葉を添えたほうがよかったかもしれない……」などとクヨクヨする人が多いようです。これでは頭の働きは悪くなり、ひらめきなど湧くはずがありません。反省とクヨクヨすることとは違います。言葉が足りなかったと思うなら、補足説明の場を求めるようにすることです。

とくに新しい製品開発や市場開発を考えるときには、うまくいくだろうか、うまくいかなかったらどうしようと不安がつきまといます。これも雑念の部類です。それよりも打つべき手に落ち度はないかを再考することです。

31

仕事に役立たないものはない

一生に一度の技

「選手には、一生に一度使うか使わないかの技こそ磨けと教えている」

これは日本サッカーの歴史に貢献された長沼健さんが熱をこめて語られた言葉です。

実際の試合で使うケースはめったにない、にもかかわらず、その技をマスターするために猛烈な訓練を繰り返す。そうした訓練が勝敗の決め手になることがあるのだと、オーバーヘッドキックのことを例に話されたのです。この技は、地面に背を向けた状態で空中にあるボールを頭より高い位置でキックするものです。キックした後は地面に背中から、どすんと落ちることになるキツイ技です。

同じことは、私たちの仕事にも当てはまるように思います。たとえば、営業部門の人が、不良債権が発生してからその処理方法を勉強しても間に合いません。めったに発生しないことでしょうが、いざというときのために、そうした関連の知識にも精通しておく。そのことが、あなたの存在を、会社になくてはならないものとするのです。

当社の社員テキスト三部作の一つ『経営幹部のガイドライン』に、技術者にも必要な財務知識が掲載されているのも同様の理由からです。

32

朝顔の花を咲かせるには夜の冷たさが必要

花が開いたときの感動を味わう

植物たちの不思議なパワーには教えられることが多いものです。朝顔なども、朝咲いて昼過ぎには萎《しお》れるひ弱なイメージですが、なかなかどうしてしっかりもの。七月の初旬から晩秋まで咲き続け、秋の花と扱われることがあるほどです。

この朝顔が、どうして決まったような時間に花を咲かせるのかを研究した方がおられます。朝顔は夜明けに咲きますが、私たちは朝の光を受けて朝顔の花が開くのではないかと考えていますね。しかし、その研究家のたゆまぬ実験の結果、朝顔の花が開くためには、光とか、あたたかい温度とか、そういうものだけでは不十分である、ということがわかったのだそうです。試しに二四時間、光をあてっぱなしにしていた朝顔のつぼみは、ついに開きませんでした。

朝顔のつぼみは朝の光によって開くのではないのです。それに先立つ夜の時間の冷たさと闇の深さが不可欠だったのです。そのサイエンスレポートは淡々としたものでしたが、それが逆に、凄く印象的な感動を与えたのです。

当社の工学部出身者は、その多くが来る日も来る日も実験に明け暮れ、それでもはかばかしいデータが得られないという経験をしています。それでも長い闇から花開いたときの感動は忘れ得ぬもの。朝顔のレポートには共感できるものがあります。

私たちを取り巻いている経済環境は、先の見えない、それこそ冷たく、深い闇の中にあるかのようです。でも、これをバネにして、一日も早く大輪の花を咲かせようというのが、朝顔からの教訓なのかもしれません。

33 ワンランク上の有意注意を働かせよう

目配り、気配りのポイント

いい料理屋さんに行くと、料理はもちろんですが器《うつわ》が違います。この器のうんちくを述べよ、良し悪しを鑑定せよとまではいいませんが、意識してみてほしいのです。そのうち器の、あるいは料理、店のたたずまいなどの目利きができるようになります。いわば「有《ゆう》意《い》注意」でしょう。これは普通の注意よりハイレベルの注意力のことと思ってください。

交差点でいえば、信号が青か赤かを見て渡るのが普通の注意レベル。青にはなっているが、横からバイクなどが走ってきていないか、左右にまで目配りをするのが有意注意。

会合をするときに、会場が綺麗かどうかを点検するとします。このとき、ゴミが落ちていないか、机の並べ方がそろっているかどうかを見る程度は当たり前の注意。有意注意になると、机の上は拭いてあるが机の裏側も綺麗かどうかまで点検する。もし座って足を組んだとき、机の裏が汚れていたのではズボンなどに汚れがついて失礼になります。

京都の老舗菓子屋さんで、事前の注文を受けるときに、そのお菓子を召し上がる場所を尋ねるお店があります。同じ色でも室内と屋外の光線の違いで商品の色合いが変わります。屋内でも、キャンドルの灯か、蛍光灯の明かりなのかを聞いて、色調を合わせるのです。これは老舗の誇りであり、こまやかな心づかいであり、またそのお店が長く生き抜いてきた証でもあります。

普通に注意して見るよりこまかく、全体から部分まで目を配る、そのうえでまた全体を見るというようにしてほしいものです。

事前の注意レベルを高めると、その後のトラブルがぐっと減ってくるはずです。

34

名前を一度で覚えるコツ

人に好かれる必須条件

人から好かれている人は、職業の如何《いかん》にかかわらず人の名前をよく覚えているものです。名前を呼びかけられて、悪い気がする人はいませんね。

ノーベル賞に輝く山中伸弥教授も、研究所にいる大勢の研究員の名前を覚えるようにしておられるとのこと。ある警察署の部長刑事さんに聞いたコツですが、初めて会った人と別れるときに、心の中で「○○さんでしたね」と復習するようにするとよいそうです。こうすることで、脳の中に相手の名前が刻み込まれるのでしょう。

先様の名前を覚えるコツで、よくいわれるのは次の三点ですね。

①名刺交換のときに、お名前の読み方を口に出して確認する。
②自己紹介が終わった後、先様のお名前を呼びかけながら話を進める。
③別れ際に、お名前を呼びながらお礼の言葉をいう。

このようにすれば、初対面でも最低三回は相手の方のお名前を口にすることができ、確実にインプットされます。

当社のトップセールスの人間も、よく名前を覚える人たちで感心します。人の名前を間違えずに覚えられることがあなたの信頼の第一歩につながります。

35 イエス誘導法を活用しよう

説明の道具に赤は使わない

商談は、切り出し方の良し悪しで左右されることが多いものです。

営業活動などでは、最初に「そうだね」といったように、先様からイエスが返ってくるような話題から入ることが多いでしょう。

「この前、お納めした機械の調子はいかがでしょうか」

「うん、おかげさまで効率良く稼働している」

納めた機械が喜ばれていることを知ったうえでの切り出しです。このあと、二〜三のイエスをもらえるような話題から、その日の本題に迫ろうというもの。「今日は、さらに喜んでいただけるものを持ってまいりました」といった調子です。

逆に、納めた機械の調子が悪かったという状況を知らずに、この話題から入ったのでは「ノー」から「ノー」への誘導になりかねません。

最初に、なるほど、イエスと思ってもらえると、次の展開がしやすくなります。

このことは、商談に限りませんので、日常の頼みごとや会話の中でも活用できそうです。

ちなみに赤い色は無意識のうちにストップを想起させることがあるので、何かを説明するときに、赤いマーカーなどは厳禁です。聞き手に「もういい、話を止めて」という信号を送っているようなものだからです。

つけるなら、青や緑にしましょう。このほうがGOサインをもらううえで、また双方をリラックスさせるのにも役立ちます。

36

「筋のよい答え」を見つける

答えは一つとは限らない

量販店の筆記具コーナーを覗いてみるとボールペンの種類の多さに驚かれるでしょう。ただ字を書くための道具に、何百通りのものがあることを思い知らされます。数学では答えが一つしかありませんが、仕事の効率を上げる手順など、私たちが実際に直面する問題は、答えが一つとは決まっていません。それどころか、答えは想像もつかないほどたくさんあると考えるべきでしょう。

私たちが工場で動かしている作業用ロボットの手《アーム》の先につけるツールタイプも、メーカーによってやはりそれぞれ特長があり異なります。

つまり、これは一つの問いというか、一つのテーマに対して、各社各様、違う答えを出しているということです。

問題解決というと、とかく「たった一つしかない正解」を見つけ出す手法のように思いがちですが違うのです。むしろ多くの可能性の中から「もっとも効果的に目的を達成しうると思える答え」を導くプロセスといえるでしょう。東北大学の堀切川一男教授は著書『「筋のよい答え」の見つけ方』の中で「筋のよい答えを選択せよ」、あるいは数ある選択肢のうち、「もっとも弊害や欠点が少ない答え」を出すように提言されています。

京都・龍安寺の庭は一五の石で造園されていますが、見えるのはいつも一四、手前の石によっていつも一つの石が隠れてしまうのです。場所を移して座って見ると、それまで隠れていた石が見えてきて、こんどは別の石が見えなくなります。見る人にとって石は常に一四個ですが、同じものではありません。その人の位置によって見え方が異なり、物事も同様に各人各様の受けとめ方がある。そして答えも一つとは限らないと示唆しているようです。

私たちを取り巻く環境は、依然として厳しいものがあります。これを切り抜けていくには、もっともっと筋のよい答えを見つけ出していかねばなりません。

37

「遅れました」という報告は命令違反

正しいビジネス用語の理解

「ほうれんそう」という言葉は、今や、誰もがよく知っている言葉ですね。「報告・連絡・相談」の頭一字をとった言葉で、仕事を円滑に進める上で、きわめて大切なことだとされています。ところが、現実はこの「報・連・相」を安易に考えている人が少なくないようです。

たとえば、みなさんの中には上司から仕事を依頼されて、その期日までにできなかったときに、「すみません、遅れました」という報告をする人がいるかもしれません。これで報告義務が済んだと考えている人はいないでしょうか。

しかし、仕事を進めながら、このままでは期日に遅れそうだと気づいたそのときに、速やかに上司に中間報告をして、適当な指示を仰ぐこと、これが正しい報告となるのです。「報・連・相」にはタイミングというものがあります。そのタイミングを間違えると全体の仕事に大きく響いてくることを、この際、肝に銘じておいてほしいものです。

それに、「決定」とは「為すべきことを決めると同時に期限が明示される」というのが正しい定義ですから、「遅れました」は、「命令違反をしました」と同じ意味の言葉なのです。

「承認」という言葉も、そのうしろに「承認を得たからといって本来の責任を軽くされることはない」とつけ加えておいたほうがいいでしょう。そうしないと「部長の承認をもらったよ!」と、承認をもらったから一安心という気のゆるみが出てしまいます。

ビジネス用語ははっきりと社内で定義しておいたほうがよいでしょう。

38 休むときには「しっかり」が基本

ツー・ビー・アラウドの定義

「リフレッシュするつもりが少しもリフレッシュできなかった」

こんな声、よく聞きますね。

ゴールデンウイークやお盆、お正月などの連休。連休=レジャーと考えて、海外旅行や観光地、あるいはテーマパークなどへ繰り出す方も大勢いらっしゃいます。でも道路はどこも混んでいて長時間の渋滞。休み明けにはリフレッシュというより、疲れを残しての出勤となりかねません。家族サービスはもちろん大切ですが、レジャーの本質だけは理解しておいてください。

レジャーとは「ツー・ビー・アラウド（許された状態）」と定義してもいいかもしれません。せっかくの休みだから出かけよう。混まないうちにと早朝の出発。いつもの出勤時間より早くというのでは、ツー・ビー・アラウドではありません。これは拘束された状態です。

休むときには、いかにすべてのものから解き放たれるか、そういう状態をつくるのが本質です。

日東精工では毎年新入社員を対象に一泊二日のウオーク・ラリーを行っています。本社のある綾部市のお隣、宮津市にみなさんもご存じの日本三景、天橋立があるのですが、ここに当社の保養所があります。ウオーク・ラリーは美しい眺めを見ながら同期入社の絆を深め、また学生から社会人となった新しい環境での心の疲れを取ってもらうようにという思いで始めたものです。

またレクリエーション活動にも力を入れていて、自慢の体育館でバドミントン、バスケットボール部などが活動する体育系のクラブが八つあるほか、社内ロビーで絵画展、写真展、生け花展を開催するなど社内メセナ活動としての文系の課外活動も活発です。

会社行事の延長と強制されるものでなく、地位や役職に関係なく各自が自由に参加しています。解き放たれた精神状態でオフの時間を過ごせば、仕事のオンタイムで伸び伸びした新企画の発想も出るというものです。

39

ねじる動作で心も体もリフレッシュ

中休みの効用

BGMを流して仕事の効率を上げるという話を聞いたことがあります。

喫茶店が満席になったときはタンゴを流すと回転率がよくなるとか、ストレス解消には、クラシック、スメタナの「モルダウ」がいいとか、音楽が人の行動、意識に働きかけるというわけです。ただ当社もそうですが、工場など機械音が大きくてBGMの効果が得られない、あるいはBGMがそぐわない環境もありますね。

日東精工では毎朝始業前に皆でラジオ体操、そして午後の二時五〇分から一〇分間腰痛体操をしています。工場のライン、あるいはデスクワークなどでもそうですが、根《こん》を詰めて仕事をしていると、知らず知らずのうちに体に負荷がかかっているので、それをほぐしてリフレッシュするわけです。

創業七五年を迎えたときの記念式典では社員一同で「ねじ体操」を行いました。ねじの会社にちなんで、体をねじる動きをメインにした当社オリジナルの体操で、プロゴルファーの宮里藍選手のトレーナー・山本邦子先生に教えていただいたものです。

日常生活の中で「ねじる」という動きをすることは少ないようです。

動いたり、走ったり、かがんだり立ち上がったり、物を持ち上げたり下ろしたり。上下の運動は頻繁におこないますが、確かにねじる動作は少ないですね。

でも、実は、ねじることで体のゆがみを直したり、内臓やリンパを刺激したりして体の免疫力を上げるそうです。ねじる動作がいかに心と体のバランスを整えてくれるものなのかをお話をいただき、ねじを扱う社員にとって大きな励みになりました。

いい仕事をするためには、体をねじってリフレッシュ、これが大切です。

40

ベター・イズ・ベスト?

問題解決のための第一歩

釣りの名人から魚釣りに絶好の条件がそろう日はないと教わりました。天気がよいときは風が強い、天気も風もよいときには潮が悪いというように、すべてにおいて満足できる状態はゼロに等しいというのです。しかし、たとえ条件が整わなくても、えさや針を取りかえてみたり、糸の太さをさまざまに調整したりというように、少しでもベターな方法を名人は工夫します。

仕事も同様に、問題解決の連続といってよいでしょう。問題解決においては、いつもベストな答えを目標にしなければなりませんが、必ずしもプランと実行力の足並みがそろうとは限りません。

むしろベストをいきなり狙わずに、ベターな方法をめざし、さらにその次のベターな方法へと、できることから着実に段階的に実行することが重要です。

当社では自動地盤調査機の分野も手がけていますが、その開発においても問題解決の連続でした。

従来は手動だったものをコンピューター制御によって自動的に行えるようになって喜ぶのも束の間、今度は持ち運びが不便だという声が出ました。そこで設備の可搬性のためにブロック構造を考えたところ、次はブロックの組み立て作業を容易にせよとの要請。作業の容易さを最大限に考慮し、信頼性が確保できたかと思うと省力化が求められます。

こうして完成した自動地盤調査機「ジオカルテ」は、搬入から試験調査まで一名の作業者で一連の作業をこなせるようになりました。また測定データの活用も可能にしており、業界のトップシェアを占めるに至りました。今、このジオカルテをさらなる商圏拡大の核として戦略展開の網を張りめぐらせています。

一つを実行することで、次の目標が見えてくる。この経験を多く持つ人をビジネスの釣り名人というのかもしれません。

ねじもたまにはオシャレをする

　ときにはねじも流行にあわせてイメージチェンジ。

　当社の「ネオカラーメイト」は、ファッション性を重視しています。蛍光色、ホログラム、蓄光《ちっこう》などの加工をはじめ、カラーバリエーションも豊富でインテリアや雑貨、バッグなどに使われます。たとえばランドセル。子供たちの交通事故防止に使われる反射テープの代わりになるような、かわいいねじはできないかと頼まれ誕生しました。

　また、勲章のような特別な地位を表すためのものには、金製・銀製のねじが使われる場合もあります。ねじはワンポイントのオシャレ、またはステータスを誇示するための装飾品として使われることもあるのですね。

キミのねじ頭の
かわいさに
一目ボレしました!

分解防止！ 絶対に外せないねじ

あるメーカーからご依頼を受けたのは、絶対に外すことのできないねじでした。当時、安い海外製品の一部仕様を、日本製に換えて転売するという逆輸入品が問題視されていました。そこで、分解防止のために開発したのが「オーディトルクス」という特殊ねじ。これは設定値以上のトルク（ねじにかかる力）がねじ穴のついた駆動部に加わると、駆動部が破断し、自動的に切断されるようになっています。ねじ穴（駆動部）そのものをなくしてしまう発想です。
ほかにも、絶対に外せない特殊ねじに「ワンウェイ」があります。これはねじ穴の仕掛けによって、ドライバーをゆるめる方向に回せなくしてあるねじです。

外せなければねじではない、と考える人もいるかもしれないですが、お客様のご要望次第では、絶対に外せないねじだってつくってしまえるのです。

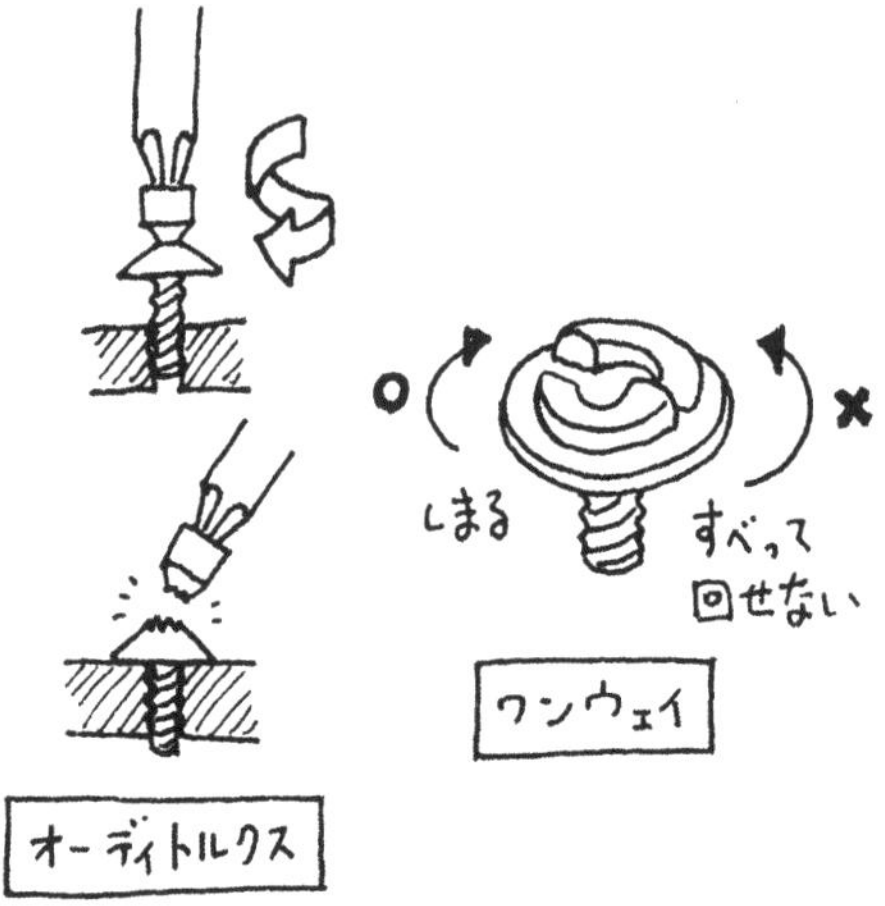

ご希望のねじはなんですか？ ねじはオーダーメイド品

みなさんがホームセンターで目にするようなJIS規格のねじは、当社が生産するねじ全体からすればたったの数パーセントにすぎません。当社でつくっているねじは、実に7万種類！ 素材や頭部、サイズなどはさまざま。すべてはお客様のニーズを満たすため。ねじ会社にとって、ねじは一本一本が仕様の異なるオーダーメイド品なのです。

たとえば、携帯電話などに使われている「TPR駆動部ねじ」。これはねじ穴が通常の十字穴とは異なり、「Y」の形をしています。精密機械に使われるねじが、誰にでもいじれるものだったら、子どもが分解してしまったりとリスクがあります。特殊なねじ穴を採用することで、取りはずし防止の役目を果たしているのです。

第三章

ゆるむことがないようにするのが基本ですが、
外したいときに外せないのはねじではありません。
一見矛盾する二つのことをこなしながら、
臨機応変に仕事をこなす。
なんだか人生に似ていますね。

41

明日に花咲くつぼみを育てよ

新規開発を意識する

「今日、花が綺麗に咲き誇っている。しかも明日咲くつぼみもたくさんある」

こんな状態がいつもあなた自身の存在だとすれば、すばらしいことですね。

テキパキとした仕事のこなし方、優先順位も頭に入れたさばき方、見ていても気持ちがいいほどに脂ののった仕事ぶりは、あたかも咲き誇る花のようです。しかも、自己啓発を怠らず、明日に咲かせるつぼみも用意されているとしたら、これはもういうことがありません。

商品でいうならば、現在、売れに売れている商品があっても、商品寿命を考えて、次なる商品開発が進められているといった状況でしょうか。

それは理想の姿だよ、とおっしゃるかもしれません。でも、発展している会社、活気のある職場、目の輝いている人は、まさに花もつぼみもある状態にあるのです。

当社では、提案制度を設け、新しい芽や種を拾い上げています。優れたものには表彰をし、『日東タイムズ』という社内報にも掲載。開発秘話や苦労話などを社員みんなで共有しています。

研究テーマ、得意先の新規開拓、人材育成等々、各分野で花を咲かせ続けられるかどうか点検しておきましょう。

42

いい仕事には絶対美感がある

持つべきは美意識

微妙な音の差を聴き分ける、これが音楽鑑賞の一つの楽しみ方という方がいらっしゃいますね。

楽器でも、心棒のサイズや位置が髪の毛一本ほど異なるだけで音がまるで違います。ちなみにバイオリンの場合、中は空洞ですが、表板と裏板をつなぐ心棒は「魂柱《こんちゅう》」と呼ばれています。いうなれば音の命ですから、魂の柱とはいいえて妙ですね。この柱の立て方の、ほんのわずかの違いが大きな差を生むのです。

音の高さを識別する能力でよくいわれるのが絶対音感ですが、ここでは絶対音感に対して絶対美感という言葉も使いたいですね。一般に認知されていない言葉ですが、モノづくりには欠かせない感性です。

日本刀のことに詳しくない方でも、正宗とか、新撰組の近藤勇が持っていたといわれる虎徹《こてつ》という名刀の名は聞いたことがあるでしょう。こういった刀も、反りの幅が髪の毛一本分でも違えば、刀の姿が鈍って見えるものです。いつか機会があれば名刀と、それほどでもない刀を二本並べてみてください。素人でも、いいものに目がぐいぐい吸いよせられるでしょう。

お茶を嗜《たしな》まれる方ならば、お茶を点《た》てるときなど、道具の置く位置などによって、印象が大きく異なることがおわかりでしょう。畳の目（藺草《いぐさ》で編まれた一本分）一つ違うことで美感が狂います。これが絶対美感の極致です。高い美意識が匠《たくみ》の腕の差になっているといってもよいでしょう。

ジャンルの異なる匠たちに共通するのは、ほんのわずかの違いに敏感であること、よりよいもの、より美しいものにこだわる姿勢でしょう。私たちのねじやロボットが好評なのも、この美意識に支えられているからです。これからも品質面はもちろんのこと、コスト意識など、敏感な取り組みをしたいものです。

43

できる人は、ほぐして考える

「抽象」と「具象」の往復運動

会社の方針が示されたときに、抽象的でわからないという人がいます。

たとえば、「顧客の信頼を得よう」という方針が打ち出されたとき、「これでは漠然としているよ」と批判する人がいるかもしれません。しかしこの批判は、「抽象」という言葉の本質をわかっていないところからくる発言といわざるを得ません。

抽象とは、具体的な事柄の中から共通項を抽出したエキスのようなもの。「わからない」で放置せず、そこから具体性を導き出し、行動に移せるかが、個人の力量にかかわってくるのです。

具体性を求めるときには、自分でほぐして考えてみるといいでしょう。「信頼」という抽象語を「約束を守る」「対応が早い」「公平である」などと細かくほぐしていくと、なすべきことが見えてきます。

お客様の信頼を得るために、納期という約束を守る、あるいは製品について、見積りに関しての問い合わせがあればすばやい対応をする。お客様に対するサービスも公平迅速に対応する。こうして考えていくと、やるべきことが具体的に見えてきますね。

当社には「我らの信条」という社是があります。社是は小冊子にまとめ、個別のキーワードには解説を添えるようにしています。社是という「抽象」を手がかりにして自らほぐせるようにガイドしているのです。

一方、レポートを提出するときには抽象化が役立つことがあります。だらだらした表現ではなく、簡潔な言葉で内容がキリッと締まります。

「この人は頭がいいな、できるな」と感じさせる人は、決まって思考において具体と抽象を相互に乗り入れさせている人なのです。

44

プライドを負けてたまるかと訳しておこう

言葉の真意を見極める

言葉の意味を定義づけしないで放置しておくと、とんでもない使われ方に驚くことがあります。最近とくにひどいのは、カタカナ語。たとえば「セレブ」を例に挙げれば、語源はCelebrity、よい意味での「名声」「名士」というように品格のある言葉でした。

しかし今では有名でさえあればセレブ、さらには成金や、玉の輿に乗るといったことにまで使われ出しました。そのうち、頑張って金持ちになろうというのも、「セレブろう」となるかもしれません。

みなさんは、それぞれの立場でプロとしての意識を持って仕事に励んでおられることと思いますが、この際ビジネス世界のプロ、プロフェッショナルについても定義しておきましょう。

・プロは専門家である――いやしくもプロを名乗る以上、経験の浅いものに、自分の領域でヘコまされることがあってはならない。理論と実際の両刀使いになれない限り、ビジネスの世界では専門家とはいえない。人間の価値とは、そこにその人が存在しているというだけではなく、その人が何をなし得る力を持っているかということである。

・プロはプライドを持っている――プライドとは、負けてたまるかという心意気といってもよい。追い抜かれても平気というのではプライドが許すまい。気位が高いとか生意気といった態度につながるのは本意ではない。真のプライドは内面に秘めた静かなエネルギー源である。

45

プロの必要条件を吟味する

その道の「くろうと」であるかどうか

プロとは「プロフェッショナル」を略した言葉ですが、その語源はProfessにあります。「プロフェス」を岩波の英和辞典では、①宣誓する、②〜を職業とするなどとしています。これからもわかるように、プロは自分の職業に関連して、何をなすべきかの誓いを立てていなければなりません。

真の職業人ならば、第一に「お客様第一主義」を挙げたいところです。まず、お客様の役に立つことを考える。売上高を役立高《やくだちだか》と読みかえてください。財務諸表の売上高欄も役立高欄と書きかえたいくらいです。

第二に挙げるとすれば「くろうとである」ことでしょう。最近はあまりこの言葉を使わなくなりましたが、単に商品知識や関連の知識に詳しいというだけでなく、客先に応じた提案ができる力量を持つこと。

一口にねじといっても、客先に応じた対応ができるのが日東精工です。当社のねじはほとんどがオーダーメイド。携帯電話やデジタルカメラなどに使われる微細なねじもあれば、先述した眼鏡用のゆるみ止めに考慮したねじ、特殊な構造によってユーザーがゆるめることのできないねじなど、目的に応じて多岐にわたります。それぞれがニーズになんとか応えたいというお客様第一主義、くろうと意識に基づいています。

またプロは、スポーツでもそうですが、競争することに生きがいを感じるものです。自らライバルを設定して、そのライバルとの競争で自分を成長させていく、それもプロの一つの要件でしょう。加えて、プロは自分の仕事に誇りを持ち、さらに物事をなしとげるまでの持続性を備えています。

最近、アマチュアとプロの差が縮まったといわれます。こんなことではいけません。真のプロを再認識して、桁違いの差を見せつけてください。

46 シロクロはっきり？　恨みっこなし？

よりよい議論のために

みなさんは、それぞれ決まった曜日に社内での会議やミーティングをお持ちだと思います。活発で有意義なディスカッション、これを実現するのはなかなか難しいものです。一時期はディベートという言葉が流行りましたが、この二つの違いを明確にしてみましょう。

ディベートとは、一つのテーマを異なる立場に分かれて「討論」し、物事のシロクロをつけることです。このルーツは古代ギリシャのソクラテスの時代から行われてきています。これに対してディスカッションといえば、すでに日本でもカタカナ語として市民権を得ている言葉です。誰しも「議論」という意味に受けとめるでしょう。Discuss とは、否定を意味するdisと、悪態をつくとか恨むという意味のcussが合わさったもの。要するに、反対したり反論したりしても「恨みっこなし」というのがディスカッションの本来の意味なのです。

この「討論」と「議論」の違いを知らずに、「負けてはいけない」と興奮したり、会議の席での発言をいつまでも根に持ったりする人がありますが、今度そのような場に出るときは、この言葉の真意を再確認して積極的な発言に期待したいものです。

ちなみに冒頭で使った「曜」という字、これを辞書で見ると「かがやく」とか「かがやかせる」が主で、従に曜日の曜と説明されています。毎日毎曜というのは、毎日を磨き上げ、自分自身の品質を高めようというのが真意です。

仲間と恨みっこなしの議論ができ、互いに磨き合い、輝き合えるような毎日を送れれば最高です。

47 ゼムクリップに示唆されること

小さな差異が存在の理由

改善案を提案するようにといわれて必死に考えても、乾いた雑巾を絞るようなもの、アイデアがこれ以上は出てこないというとき、ありますね。でもそんなことはないという証に、ゼムクリップを例に説明してみましょう。

多くの商品に必ずあるといっていい説明書き。ところが、ゼムクリップの箱には何も書いてありません。使い方があまりにも単純で周知のことという前提からでしょう。

でも、単純の一言では片づけられません。最初のゼムクリップが世に出てから一〇〇年を超えますが、この間に何百件もの特許がとられ、数限りない改良の試みが今でも行われているのです。忠平美幸さんが訳された『ゼムクリップから技術の世界が見える』に、この歴史と未来の可能性が示唆されています。

少し考えるだけでも、次のように、数多くの改善の余地が挙げられましょう。

①もっとはまりやすくできないか。↑今出ているものは輪と輪を押し広げなければなら

ない。
②外れにくくできないか。↑枚数の多い書類になると外れやすい。
③ひっかからないようにできないか。↑先端が書類に突き刺さって破れる。
④崩れないようにできないか。↑クリップで留めた側が高くなるので書類の山が傾く。
私たちが日常取り組んでいる仕事も、手馴れているだけに、これ以上工夫の余地はないと思い込んでいる傾向がなきにしもあらず。改善の可能性を再点検してください。

48 チャンスとオポテュニティの違い

棚からぼた餅はチャンス

「チャンス」と「オポテュニティ」の違いをはっきりさせておきましょう。どちらも日本語では「機会」という字を使うので区別がつきにくいのですが、チャンスには「棚からぼた餅」のようなニュアンスがあり、オポテュニティには「意図して生み出す機会」という意味合いがあります。

択一的な選択を迫られて、一方を選んだために得られなかった利益のことをオポテュニティコストといい、「機会損失」「機会原価」などと訳されます。誤訳ではないのですが「機会」のところが少しひっかかります。

Opportunity のスペルを見ると、港（Port）が入っていますね。一五〜一六世紀に船乗りたちが、東南アジアから香料、絹、陶磁器といった当時のヨーロッパ人が手に入れたいと思っていた産物を積んで帰ってきたとき、どの港につければもっとも利益が上げられるか、という時代背景からきた言葉だそうです。

改善すればもっと利益があるのに、気がつかずに逸してしまった金額。オポテュニティコストに目を向けねばなりません。当社の内部監査システムの肝もここにあります。ここで私たちが大切にしているのは、単に無駄がないか、ルール違反はないかといった監査で終わらないように、建設的な視線を持ち、共有することです。たとえば、材料などの相場が変動しているにもかかわらず、慣習的に同じ値段で仕入れていては機会損失。コスト的な問題をきっかけに、よりよい製品開発に向けて議論を広げるようにしています。だから内部監査の担当者は、目利きでなければつとまりません。

チャンスを待つというよりも、オポテュニティに強くあってほしいと願うものです。

49

一粒の種に学ぶ生産性

お茶碗一杯に米三〇〇〇粒

春に一粒の稲の種をまくと、やがて芽を出し、すくすくと成長し、一株のイネに育って、秋にはお米が収穫できますね。では、春の種まきから秋の収穫までの約六ヵ月で、一粒のお米は何粒に増えるでしょうか。農学博士・田中修先生の研究によると、その数約一六〇〇粒。一粒の種が一株のイネに育つと、秋には約二〇本の穂が出ます。一本の穂には、約八〇粒のお米が実ります。だから一粒が一六〇〇粒ほどに増えることになります。

お茶碗一杯のご飯でお米が何粒かは、お茶碗の大きさや盛り具合で変わりますが、普通には「お茶碗一杯でコメ三〇〇〇粒」といわれます。つまり、たった二粒の種が、ほぼ茶碗一杯のごはんになるのです。

昔から、お米一粒～二粒でも粗末にするなといわれて育った人もいるでしょう。この数字を知れば、なおさら粗末にはできなくなりましょう。

当社グループの売上高は約二五〇億円。そのすべてがねじではありませんが、精密ねじ一本の値段は平均すると一円以下です。何銭という硬貨はありません。一円が最小のものですね。この単価一円未満のものを精密に大切に製造しているのです。

もちろん、会社構内にはねじ一本も落ちてはいません。

50 仕事に自分を合わせる努力もまた大切

人柄と役柄の両面を磨こう

会社勤めをしていると、ある日突然、「今度、営業に移ってほしい」とか「製造部から経理部に異動することになったよ」などと辞令を渡されることがあります。

そんなとき「私は営業の仕事が合っていて、経理のような仕事には向いていません」などという人があります。そういいたくなる気持ちはわからないでもありませんが、人の適性とか能力というものは、そんなに簡単に決めつけられないのではないでしょうか。

人間とは、案外、食わず嫌いな一面を持っているものです。ですから新しい仕事への異動を命じられたら、むしろ役柄を広げるチャンスだと受け止めて、その仕事に自分を合わせる努力をしてほしいのです。

パーソナリティという言葉があるでしょう。

この言葉には「人柄」と「役柄」の両面が含まれています。人間にとって品がいいこと、人柄が悪くないことは大事です。でも同時に「役割意識」を強化させることも忘れてはならないのです。

ビジネスの場でいえば、どんな仕事、役柄をいいつかっても、それぞれの役にさっと溶け込み、その役をこなす能力が求められます。ときには「憎まれ役」を引き受けなければならないこともあるかもしれませんが、それも人間の風格、パーソナリティを確立していくために必要なものと考えましょう。

51 惚れ込んでこそ一流になれる

ライクとラブの違い

「好きこそものの上手なれ」という諺《ことわざ》があります。好きになることが物事の上達の道だというわけです。確かにそうで、何をするにしても嫌いなこと、関心の薄いことには熱も入りません。

しかし、好きになることがそのままプロへの道に続くかといえば、そうでもないようです。

日本サッカーの生みの親であるデットマール・クラマー氏は、「好きだというだけでは一流になれない。愛することによって、はじめて一流への道が開かれる」という意味の言葉を残しておられます。

クラマーさんは何を伝えたかったのでしょうか。おそらく、好きというのはただ楽しむ段階にすぎない。それを愛するというところにまで高めることによってはじめて、苦しみが生まれ、その苦しみを乗り越えていく真の情熱が本当のプロを育てるのだ、そういいたかったのではないでしょうか。

私たちの会社では、ねじの製品サンプルは一つひとつケースに入れてつくります。これはお客様の求めるものがそれぞれ異なり、サイズや機能はもちろん、構造や素材など、必要と思われるものをその都度選んでケースに入れて持参するからです。本書をつくるにあたっても編集者の方用のねじのサンプルケースをつくったのですが、その用意に携わった開発担当部門の女性は「これは私の宝石箱、宝物。大切に扱ってくださ い」と言葉を添えてくれました。

ケースに収まったねじを初めてごらんになる方は、たいてい「おっ」と声を出されます。それぞれに目的を持って生まれたねじは、実はとても美しいのです。開発段階でさまざまな苦労を乗り越えて生まれてきたねじに、私たちは深い愛情を感じています。

最近は、親しみやすさ、愛着を形に表す形で、ねじのキャラクターを考えたり、バッジやTシャツなどをつくっています。ねじに惚れぬいてきたおかげで、日本一になったと胸を張っていいたいのです。

みなさんも仕事で一流を目指すなら、クラマーさんのこの言葉をじっくりとかみしめてほしいものだと思います。

52

成熟の愛とは

愛を五段階で確かめてみよう

愛には五段階のレベルがあります。

第一段階は「そばにいてくれるだけでいい」という愛です。

第二段階は「私だけのものでなければいや」という、いわゆる独占欲の愛です。

第三段階は「あなたのためなら私はいいの」という犠牲の愛、もしくは「あなたのことならみんな許せる」という許容の愛です。

第四段階は「あなたの心は私の心」という相互信頼であり、心の痛みも喜びも分かち合える愛です。

第五段階は「気がつかなかったけれど、支え合って生きているのね」といったように、意識はしなくても、しかと存在する成熟の愛でしょう。

このうち、第三段階までは一方通行、ワンサイドの愛という要素が強いですね。これが、第四段階、第五段階では相互の関係にまで高まってきて、ほんものの愛になるのです。

先日、自営業を営まれるご夫婦にお会いしたのですが、ご主人が営業などの外回り、奥様が内部管理で、文字通りの支え合い。それが意識せずとも当たり前のことになっている。ほほえましい限りでした。

当社も各部門が連携し、支え合うことで経営が成り立っています。そして、そんな日東精工を支えてくれる一本一本のねじに、改めて感謝と愛情の念を抱くのです。

53

蛇口ポタポタは、どれくらい？

コスト意識のための数量化

経費節減で効果を上げるには、身のまわりの節減できる要素を総ざらいすること。そして、その影響を「数量化」することです。そして、数量化できたら、それを現場のよく見えるところに表示することをおすすめします。

水道の蛇口を例にとると、水漏れはもったいないから蛇口はキチッと締めようというくらいのことは誰でも思いつきます。しかし、締めなかったら、どれくらいのロスになるかを数量化して表示しているところは少ないように思います。

「ポタポタで蛇口から一日三〇リットル」

もし水回りにこのような貼り紙がされたらどうでしょう。みんなのコスト意識も高まるのではないでしょうか。

私たちの日常の仕事の中で、たとえ小さなムダと思われることも、一ヵ月、一年と積み重ねれば大きなロス経費につながります。数量化でムダの撲滅をはかってください。

先ほど当社の精密ねじ一本の価格に触れましたが、本当に小さなことを積み上げて山を築いているのです。「ロスは落とすな、拾おう」、まずはそこから始めましょう。

54

きっちり締める、そしてゆるめる

真の実力は多面的

トップセールスの行動表には、既存の顧客の深耕拡大と新規開拓がきっちりと組み込まれています。お得意様のサービスに手をとられて新規開拓まで手がまわらないなどと弱音は吐きません。生産部門でも熟練した人は丁寧だけどすばやく、手際がいいものです。このようにほんとうに優れた人というのは、一見矛盾または相対立するものを同時に兼ね備えているということがいえるようです。

仕事で失敗したとき、ただ厳しく叱責するだけでアドバイスのない人、あるいは、逆に優しくなぐさめてくれるだけの人では敬遠したり物足りなくなったりすると思うのです。ところが厳しさの中に優しさがある、優しさの中に厳しさがある。そういう人には人間的な信頼が持てるのではないでしょうか。

積極的かつ堅実な人。大局を見失わず、かといって細部をおろそかにしない人。即効性を求めながら、長期展望からの夢も語ってくれる。こうした一見矛盾する事柄を立派に両立させる人が本当の意味で実力のある人だと思うのです。

ほとんどの方があまり気にかけませんが、ねじだって実はそう。ねじはしっかり締まっていることが大事で、ゆるむことはあってはいけません。でも、ゆるめることができるということもねじが持つ特性です。点検や解体などで容易に外せる役割を担っています。一見矛盾するものを同時追求しながら、社会に貢献しているのです。

55

者に聞くな、物に聞け

修繕と修理の厳密な違い

日常会話では、言葉の使い間違いがあっても大勢に影響がありませんが、ビジネスの場では厳密さがほしいものです。使い分けたい言葉について一、二の例を挙げておきましょう。

身近なところでは「修繕」と「修理」。「繕」は繕《つくろ》うですから、修繕はとりあえずの応急処置に過ぎません。このままにしておくと、また同じ問題が発生するどころか、より大きな事故を起こしかねないでしょう。「修理しておきました」という報告に、「修繕じゃないだろうな、修繕と修理は違うぞ」と、一言念押し願います。

言葉の厳密さは状況のとらえ方においても必要です。たとえば現場で何かトラブルが起こったとき、その内容についての担当者の報告をそのまま鵜呑みにしてはいけません。

担当者のいっていることと、実際に起こっていることは違っていることがあるのです。決して嘘の報告をしているわけではなく、問題のとらえ方が違っているか、置かれた立場による認識のズレ、あるいは表現力にも左右されましょう。

有名になったトヨタの言葉にも「者に聞くな、物に聞け」とあります。この「者」とは「人」のこと。「物」とはいうまでもなく「機械・製品」など「現場」のことです。発音は同じでも、中身は大違いなだけに心してほしいもの。会議の席で話が嚙み合わないとき、その原因が、ここにあることも少なくないのです。

56 表と裏を見分けるコツ

いつも相手を考えて

お茶を入れる土瓶や急須に、表と裏があるのを知っていますか？

把手《とって》を右に持ち、注ぎ口を左にします。このときの手前側が裏で、向こう側が表。注いでいるときに、自分のほうではなく、相手のほうに見える側が表というわけです。

急須の形によっては、把手と注ぎ口が一直線上ではなく、把手が少し内側に寄せてあるものがあるでしょう。こういうタイプは手前のほうの絵柄もわずかで、とくに見栄えがしません。お客様から見えるほうが綺麗で表になるのだと理解してください。

座布団にも前後の区別があります。一般的に四角い座布団は、三方に縫い目があり、一方だけ縫い目がありません。この縫い目のないほうが前になります。ある宴席で、仲居さんの座布団の扱い方が荒かったのでびっくりしたことがあります。あまり細かいことにこだわる必要はありませんが、知っているのと知らないのではやはり差が出てしまいます。

ねじにも「おねじ」と「めねじ」の区別があります。溝を円筒、または円錐の内面につけたものを「めねじ」、外面につけたものが「おねじ」です。ペットボトルのキャップでいえばボトルのほうに刻まれたものは雄=男ねじで、キャップの内側が雌=女ねじです。

57

「待つ」ことの必要性を見直そう

練れた人は余裕がある

「もう少しだから、あわてずに待ったら」と注意しても一向に改まらない人がいます。こんなとき、古い格言をひっぱり出して「急いては事を仕損ずる」などといってもムダです。

この人たちには次のような統計をもって示すほうが効果的でしょう。

動物には「待つことのできる動物」と「待つことのできない動物」がいます。ネコやネズミは「おあずけ」することができない。イヌの場合は、簡単な訓練で二〇秒は待てる。サルは一分、チンパンジーは五分と聞いています。人間はさまざまです。赤ん坊をはじめ、これに近い人は、しばしば待てずにダダをこねます。

いずれにしても、「待つ」というのは高等な精神活動ですので、これができるような人間性を磨かねばなりません。とくに最近は、待てない社会になりつつあります。みんな日々の生活や仕事に忙殺され、せっかちになる度合いが高まっているのです。

研究投資などについても、すぐに結果を求める傾向にあります。大学でも長期にわたる基礎研究などを敬遠するきらいが見受けられます。これでは将来、日本のノーベル賞受賞も危ぶまれるでしょう。

教育の現場も即効性が求められる傾向にあり、「余裕」という言葉は死語になりかけています。当社では「社長直轄の五つのプロジェクト（五つ星プロジェクト）」というものを発足させており、その一つひとつが若手社員で構成する未来へのプロジェクト。すぐに結果は出せなくても新しいことにチャレンジしてもらい、それらを通して成長を願うものです。

何事においても「待つ」、機が熟すまで待てる強さを身につけたいものです。

58

「神様ねじ」が生まれた理由

お得意様のニーズを知る

二〇一三年に「おもてなし」という言葉が流行語になりましたが、どうも中身をともなわず上滑りしている傾向があるので要注意です。

たとえば京都に来られた方を、嵐山だとか、金閣寺や清水寺に案内したからといって、おもてなしができたと思うのは大間違いです。そこに興味のない方にとってみれば、ありがた迷惑にすぎません。

同じく、有名な日本料理店に席を設けても、それが苦手な人にとっては、苦痛さえ感じるものになりましょう。いい過ぎかもしれませんが、丁寧な礼儀作法でのお迎えも、場合によっては窮屈になるだけで、おもてなしからは程遠いものになりかねません。

相手が何を求めておられるかを知る。それを上手に聞き出さなければなりません。お客様、ビジネスでいえばお得意先のニーズを把握するところから、真の「おもてなし」が始まることを強く意識すべきでしょう。

当社では創業から数えると延べ七万種類のねじを製造してきました。これはお客様のニーズをしっかりとらえ、それにお応えしてきた積み重ねの証です。ねじの種類など詳しくは八三〜八五ページで紹介していますが、たとえば振動の激しい洗濯機にはこんなねじ、興味本位で子どもが分解しては困るような、事故につながるような精密機器にはこんなねじと、用途に合わせて細やかに設計加工してきました。

またオーディオカセットテープやビデオテープが全盛だったころ、テープメーカー各社では当社のタッピンねじ（タッピンねじについては四六ページ参照）を使って二四時間体制で生産が行われていました。オーディオ用、ビデオテープ用に月五億本を超えるオーダーに対して、できないと音《ね》をあげることなく、製造ラインを見直し工夫、自社開発した全数検査機などを駆使することで、数だけでなく高品質のねじを供給し「神様ねじ」との評価をいただくようになったのです。

神様とまで呼ばれては、ねじ会社冥利につきます。これからもお客様から喜んでいただける存在を日東精工は目指し続けます。

59

コミュニケーションのレベルアップ

京都・祇園に学ぶ

「おもてなし」には、良質なコミュニケーションが重要です。しかし、真に目指すべきは言葉に頼らずとも相手の心を汲みとれるレベルでの「おもてなし」でしょう。

作業現場では連携プレーが大切ですが、いちいちスイッチを入れてとか、止めてなどという言葉をかけ合っていては作業がはかどりません。いわゆる「ツーカー」の間柄で、相手が言葉を発する前に相手のいいたいことを理解している必要があるのです。行動や顔つきを見て、相手の気持ちを察する能力が求められるのだと知ってほしいのです。言葉は勘違いを防ぐために、確認のために発するというわけです。

てきぱきとした動きには、自分のいいたいことを正確に伝え、相手のいいたいことも正確に理解することが大事です。それも、一刻も早く求められるだけに、ハイレベルなコミュニケーションが必要なのです。もちろん、わからないときには素直に聞き返しましょう。曖昧なままがいちばんよくありません。

話は変わりますが、京都の花街でも、芸妓・舞妓には同様なレベルのコミュニケーションが求められます。

たとえば、お客様から「水がほしい」といわれたら、接遇者として失格。「水がほしい」とお客様からいわれる前に、こちらから「冷たいお水はいかがでしょうか」と声がかけられるようでなければならないのです。

大切なのは、その場の空気を読みこなすことでしょう。これが「おもてなし」、ハイレベルなコミュニケーションの基本になります。言葉に頼らない＝ノンバーバル・コミュニケーションまで高めたいものです。

60

九九％では安心できない

目指すべき信頼度

昔の諺に「一銭を笑うものは一銭に泣く」という言葉がありました。これを現代風にいえば「一％をおろそかにするものは一％によって敗れる」ということになりましょう。

九九％というと、一見高い信頼度のように思えますが、とんでもありません。

一％の影響度を換算してみると、次のようになります。

成田空港の離着陸は二〇一三年の一日平均が六〇七便ですから、一％といえば六便。離着陸ミスが毎日六回起こるのが九九％の信頼度。一％の影響の恐ろしさが、ひしひしと感じられます。

郵便物でいえば、平成二三年度の引き受け件数が二二三億六三三五万通ですから、一日平均六一二七万通。この一％は六一万通。

企業経営でいえば、売り上げに対する一％のコストダウン、あるいはコストアップが経常利益を大きく左右することは周知の事実です。担当部門の年間売上高に、上と下、合わせて二％を自分で掛け算してみてください。

このことは、絶えず意識し続けておかないと、ついついおろそかになりがちです。

お互いの担当分野において、もう一％、もう一％と収益性を追求してください。目標達成率九九％でも不充分。限りなく一〇〇％にイコールとしなければ充分とはいえません。

地球にやさしいねじ

ねじはリサイクルやエコにも貢献しています。以前、窓のアルミサッシの四隅にはステンレス製ねじが使われており、分別するのに手間がかかっていました。もし、四隅のねじがサッシと同じアルミ製だったらそのまま溶解できて便利です。ここからアルミ製ねじの開発がはじまりました。強度というアルミの弱点を克服するために何度も試作を重ね、生まれたのが「高硬度アルミ製タッピンねじ」。このおかげで、リサイクル処理の効率性は格段に向上しました。

ほかにも、ねじの軽量化は乗り物の燃費をよくしますし、金属以外の材料でねじができれば環境にも人体にもやさしいモノづくりが可能になる。各社しのぎを削って研究に励んでいます。

第四章

ねじの製法は昔から変わりません。
しかし形や素材にひと工夫を加え、
ねじは日々進歩しています。
伝統と革新。研究者が汗を流し、
試行錯誤の上につくり上げるもの。
それがねじなのです。

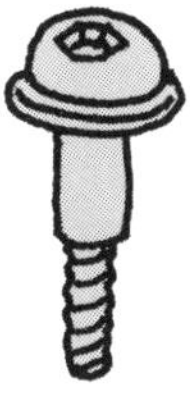

61

社会貢献は自らを高める原動力

モノとモノ、人と人をつなげる

日東精工の本社は、京都府綾部市の由良川という清流の流れる山紫水明の地にあります。市の人口は二〇一四年四月現在、三四二二六人。当社関連の社員は約一〇〇〇名、社員の中にはお隣の福知山市や舞鶴市など綾部市以外から通う者もいるのですが、一世帯二・五人と計算すると、大雑把にいえば、街の一四人に一人は当社にかかわりがあることになります。それだけに社会貢献や地域密着は必須の命題です。

当社に資格制度があることはすでに別項で紹介していますが、一級から一〇級まで段階が分かれていて、下の級から上を目指す場合には必ず試験を受けなければなりません。試験はただ時期が来たから受けられるというものではなく、試験を受けるために決められた単位を取得していることが条件となります。

単位は自己啓発のために語学コースに通ったから〇単位、地域のゴミ拾い活動に参加したから〇単位といったように、日々の業務以外に行ったことを評価するもので、会社で自分の与えられた仕事だけをしていればいいということにはなりません。いわば仕事上のスキル・知識の習得だけでなく、日ごろから広く社会に目を向けるよう意識する場となっています。

地域密着を日常語でいえば、「日東精工にはよく気がつく人が多いね」とか「頼りになる存在」などといっていただけるように行動することだと意識しています。人工林の間伐作業や竹藪整備、由良川花壇展などに参加して街の美化、環境整備のお手伝いをする社員も多いですし、また「あやべ水無月まつり」や「綾部市民駅伝」などには日東精工チームをつくって参加しています。

地域社会に貢献するということは、実は逆に、会社や社員一人ひとりが自身の価値を社会によって高めていただくことともいえるでしょう。ボランティアなどでお役に立てているという実感は、自分を前向きにする原動力にもなります。職場外での活動や交流は、人脈を広げること、あるいは発想の転換などにもつながります。

モノとモノを締結し、つなげるねじの会社として、私たちは今後も社会とつながり、地域の人と人をつなげることにお役に立っていきたいと願っています。

62

花の表情は見る角度で異なる

復習と予習を兼ねる報告書

花は見上げて見るのと、見下ろして見るのではまったく趣が異なります。

京都の「桜狩り」を例にしてみましょう。嵐山の渡月橋《とげつきょう》から左岸にある小高い公園にのぼり、花を上から眺めると景色が変わります。眼下には花雲《かうん》とでも表現したいほどの桜。その合間からは、渓流が青響《せいきょう》しています。音に色さえ感じられるのです。これをただ一行、「京都の桜、綺麗でした」では綺麗の中身が見えませんね。

仕事を報告する場合も「売れました」、あるいは「空振りでした」の一言だけでは、売り上げを伸ばすためにどうするか、どうやって失敗を改善していくかといった、具体的な中身が伝わらないのです。

しっかり観察してそれに向き合って丁寧にその中身を掘り下げることで、聞こうとする相手にはじめて伝わるものです。

「今日、ライバル会社の営業担当者が、上司らしき方と同行して先方にアプローチしているところに出くわしました。どうも安値受注を提案しているようです。当社製品の品質を強調しておきましたが、念のため来週でも課長の表敬訪問を予定してください。なお、製品Aについてのご要望を添付します」等々。

しっかりした観察力で見てきたこと、やってきたことを、丁寧に報告書として書くことが、何がよかった、悪かったかの復習になり、次からはどうしようといった予習にもなるのです。

ときどき「特記事項なし」といった白紙に近い日報を見かけることがありますが、これは観察力のなさを自ら証明しているようなものです。

63

パソコンの変換ミスは命取り

「読み返す」習慣

パソコンで「お食事券」と入力するつもりで文字を打ち込んだら、「汚職事件」と変換されて、一人でクスッと笑ってしまったことがあります。思いもかけない誤変換、しばしばありますね。

　あるときは、よそから来た詫び状に「申し分《ぶん》ありません」とあったのには驚きました。きっと「申し訳《わけ》ありません」というつもりの「訳」と「分」の変換ミスに気づかなかったのでしょう。でも、この誤りは致命的で、苦笑で済ますわけにはいきません。

　また、別のケースでは前任者のフォームを転用したのでしょう、形は整っているのですが、発信日時が修正されておらず、数年前の日付そのままで届いたこともあります。パソコンで文章を打ち込んだ後は、くれぐれも読み返すことを習慣化してください。

　公的な書類はもちろんのこと、依頼状など、わずかな誤変換で信頼を失いかねません。とくにメールは校正などの目が行き届きませんから、より注意が必要です。

　名前の区切りも要注意。先様のお名前を改行のときに切らないようにしてください。たとえば、「先日御連絡いたしました○月○日の○会出席メンバーが決まりました。西田社長さま他一八名となりました。……」といったように、相手先の名前が「西／田」と首切れ状態になっていたりします。これは完全に大人の手紙としては失格です。

　名前だけでなく、固有名詞なども、なるべく切らないようにしたいものです。句読点を一つでも入れるようにすれば解決できることです。

64

「思う」を「考える」に

発想の分岐点

「思う」と「考える」という言葉の違いが、ビジネスの場で発想の大きな分かれ目になります。何かを一生懸命に思っていても、それは考えていることにはなりません。

よく「販売促進を考えているのだが、なかなかいい答えが思いつかない」とこぼす人がいますが、思い悩んでいるだけでは何の解決にもなりません。

そうではなく、どうすればよいかの材料を並べ、比較検討するなど筋道を立てて「考える」ことが大切です。売り上げの伸びが芳しくないとき、地域別や得意先別にデータを分類し直してみる。分類したものは文書にまとめ、一度目に見える形で整理してみましょう。もし一律に伸びていないのではなく、地区別、取引先別など一部分でも伸びているところがあるとすれば、その理由を考える。そして思いつく限りその打開策を書き出してみて、伸びの悪いところにどう当てはめていくかを考える。

思い悩んでいる問題を、いったん言葉や文章にしてみて、それをもとに原因や解決策を考えていく。そうすることでデータが活きてくるのです。

対策などを考えていくためには、思っていることを言葉にしていくことが必要です。言葉なしで、空で考えていると、いつしか「思う」に逆戻りしてしまいます。人間は言葉なしでは考えることができないのだと認識しておきましょう。

65

硬い素材もソフトな印象に

撓《たわ》ませる発想

『おや?おや?おや?おや?のえほん　ねじ』は本物のねじだけを組み合わせて、怪獣や風に揺れるススキ、おいしそうな果物のイチゴなどを表現した写真絵本。作者・野田亜人《あじん》(現AJIN)さんの発想の豊かさに思わずクスリとさせられます。また「ネジ立体製作所」なるものもあって、こちらは所長の古田紀彦さんがねじを人(ロボット?)に見立て、お風呂に入れたりゴルフをさせたり、ショッピングなどのシーンを再現したりしています。

どちらもねじという硬い部品(素材)を使って、やわらかでしなやかな動き、人間らしいあたたかさを表現しています。

さて、この硬いものにやわらかみを与えるという発想、実は古くから建築や庭園づくりに生かされています。

たとえば京都・洛北にある蓮華寺。日本庭園の奥まった一隅にある石橋は、両端をしっかりと岩の橋台に固定されており、その中ほどには水面から突き出た橋脚があります。この橋脚と上にかぶさる石橋との間には隙間があり、それを通して庭園の奥がのぞけるようになっています。住職によると、石造りの庭園は一般に硬い印象を与えるものなので、これを補うために、人が渡ると石橋が撓むように設計されたそうです。製作者は石橋と橋脚の間に隙間を設けることで、この硬い石橋にしなやかな木造の橋と同じやわらかみを与えようとしたのです。

古今東西、固い頭をやわらかくなどとよくいわれますが、そのヒントはあちらこちらにたくさん転がっているのです。

ねじだって頑固に硬さを誇るばかりではありません。もちろん、しっかり締結して強度を保つことは基本ですが、美しさや滑らかさを追求して頭の部分を薄くしたり、環境に配慮した軽いねじを開発したりと、やわらかく対応しています。

66

借りたものは必ず全部お返ししましょう

アドバイスへもお礼の言葉を

借りたものをそのままにしてはいませんか。とくに些細なものに注意しましょう。お金でいえば、一万円とか五千円といった多い金額は早く返そうという意識があるものですが、小銭のほうは忘れがちなので気をつけましょう。

小銭が足りないときの十円、あるいは百円程度の借りもきっちり返しましょう。「返さなくてもいいよ」といってくれていても、やはり貸したほうは憶えているものです。

小銭だけでなく、本や資料なども、見終わったら早くお返ししましょう。さもないと、必要なことがあっても、次からは貸してもらえなくなるでしょう。ブラックリストに名前が残りかねません。

仕事でも、資料はもちろんのことですが、相談にのってもらったことや問題解決のヒントをいただいたときも、そのままにしておいてはいけません。「アドバイスいただいたおかげでいいものができました」と、お礼の言葉を伝えてはじめて返却完了です。

「してさしあげたことはすぐに忘れて、していただいたことは一生覚えて感謝せよ」

こういったことがいわれるのも、つい逆のことをしてしまいがちだからなのでしょう。

「義理を欠かないように」という昔の言葉には、この辺りのことも含まれています。

67

あいまいさから学ぶ

推しはかって能力を磨く

ビジネスや人生において白黒はっきりさせねばならぬことはたくさんありますが、逆も真なり。あいまいも大事、あいまいさからも、いろいろなことが学べると覚えておくといいでしょう。

得意先や上司からものを頼まれるとき、「これをなんとか、うまくまとめておいてよ」といったように、あいまいな頼まれ方をすることがあります。「もう少し具体的に指示してほしい」「何がしたいのかよくわからない」と愚痴の一つもいいたくなりますね。

でも相手が専門外でうまく表現できず、プロであるあなたを頼っているというケースも考えられますし、まだ明確になっていないことの結論や道筋をあなたのフィルターを通して導き出してほしいというリクエストなのかもしれません。

仮説を立てて実証していく、仮説実証の方法をとってみてください。

まず相手の考えを推しはかり、たたき台をつくって、「これでいかがですか」と提示してみます。相手の方が「ちょっとイメージが違うな」といえば、それも一つの立派な情報、また別の案を出してみます。

「だいぶ近づいたようだが、まだ胸にすとんと落ちないところが残っている」

「では、もう一度考えてみましょう」

これを繰り返していくうちに、相手の期待するところがはっきりと見えてくるのです。

いかにもまわりくどいやり方に見えますが、相手がわからずにいること、あいまいな状態であることから「導く」のもビジネスの場では必要なことと考えてください。

余談ですが、京都でよく使われる言葉に「おおきに」があります。

この「おおきに」は時と状況によって「ありがとう」になったり「ごめんなさい」になったりと、ある意味とてもあいまい、でも奥ゆきのあるやさしい言葉です。たとえば花街でお誘いを受けた舞妓や芸妓さんが「へえ、おおきに」と答えた場合はたいてい相手を傷つけないためのやんわりとしたお断り。ほんとうにOKなら「へえ、おおきに」の後に、「そんならいっついつがよろしいのやけど」などと次の言葉が続きます。

あなたはこの言葉の真意を推しはかれる自信がありますか？「野暮なお人」なんていわれぬよう気をつけてみてください。

68

冬至《とうじ》の日には「七つの運」を呼び込もう

ツキを呼ぶプラス思考

冬至の日には全国的にかぼちゃ（なんきん）を食べる風習がいきわたっています。かぼちゃのいいところは、夏に収穫して冬至のころまで保存しておいても、その栄養価が損なわれないところ。また、ビタミンAが大量に含まれているので、風邪の予防にも効果があるといえます。

これが古くからの京都の家に行くと、もう少し念がいってきます。前述の「なんきん」には「ん」が二つついていますね。このように「ん」が二つつく材料を七つ集めて料理します。れんこん、ぎんなん、ぽんかん、かんてん、にんじん、きんかん、なんきん、というようにそろえます。和え物にしたり煮物にしたり料理方法はいろいろですが、七つの運から運勢が広がるようで気分がいいものです。

これらの材料は単なる語呂合わせではなく、ビタミンのバランスが取れるように組み合わされているので科学的でもあります。いうなれば、縁起プラス科学性の知恵でしょう。運を拓こうという心意気を真似するのもよいかもしれません。

パナソニックの創業者・松下幸之助さんが、会社の採用面接のとき「あなたの人生は、今までツイてましたか?」と尋ね、「ツイてました」と答えた人を採用したという話は有名ですね。運を「ツキ」と考えればこれも呼び込みたいもの。当社の社長も正月に伏見稲荷大社で引いた「大大吉」のおみくじを見せながら自分は運が強いほうだと笑ってみせます。ツキを呼びこむためには物事をネガティブに受け止めず、プラス発想を心がけることが前提でしょう。

69

「もしもプラン」を用意せよ

差が出る対応力

物事にはアテの外れることや、手違いの起こることが少なくありません。たとえば、大事なイベントに出演依頼をしていたタレントが、交通渋滞で大幅に到着が遅れる。さらに最近では、根も葉もない誤報が流されて迷惑をこうむるなどという可能性もあります。インターネットなどに匿名で会社や社員のマイナス情報が掲載されたり、商品についての間違った情報が流布されたりすると、会社の信用にかかわります。

前者であれば、前日に来ておいてもらうよう手配をするだけでなく、何かの理由で来られなくなった場合を想定して代役を段取りしておくなど、この辺りまでを考えておければまずまずでしょう。綾部市は足利尊氏ゆかりの歴史ある街で、モノづくりの街として誇れるところですが、雪の影響で山陰線のダイヤが大幅に乱れることがあります。冬場に講演などを依頼する場合は前日入りをお願いするようにしています。

後者のケースにおいては対応の差が顕著に表れます。

対応力の低い人は誤報やマイナス情報に慌ててしまい、ことをより大きく深刻にしてしまいがち。「そうはいってもほんとうは何かあったのだろう」と邪推されてしまったり、誤解を解こうとしてかえって言葉じりをとらえられ、相手の心証を悪くしたりしてしまいます。

もちろん物事には誠実に対応するのが基本です。ただその誠実さがすぐに素直に伝わらないケースが起こり得ることも想定しておきたいものです。

瞬時に対応しなければ命取りになるケースもあれば、しばらく静観しておいたほうがいいこともあります。それをしっかり見極め段階ごとに適切に処理できる人が、対応力が高い人だといえるでしょう。

誤報に対して訂正を求めるだけでなく、話題になるような新しいニュースを提供し、マイナスをプラスに転じさせることができればよりすばらしい。誤字を消しゴムで消そうとすると、かえって汚れるときがあるでしょう。むしろ誤字の上に白い紙を貼るほうがよいときもあるのです。

当社では、部門別に起こりうる可能性を書き上げ、その対応策を立案させています。しっかりした担当者は、自分の役割に応じた「もしもプラン」を用意しているもの。仕事のできる人の条件の一つと心得ておいてください。

70 トライしたい自己啓発のテスト

正答よりも意識が大切

問1　自分がしていることをちょっと中断して、誰かを助けてあげたときのことを話してください。

これは、立場によって返事が変わってくるでしょう。

「手にいっぱい荷物を持って、ドアを開けようとしている同僚に、あ、危ない。ちょっと待って、ドアを開けてあげるからと手を添えたことでもよろしいですか」

もちろんいいと思います。周囲の人が求めていること、困っていることを敏感に感じとり、同時に適切な行動に移す。ビジネスの感受性が豊かな人だと評価されましょう。部下を持つ上司なら、部下の行動に自分の仕事の手を止めて、ヘルプした例を挙げてほしいものです。

問2　自分を誇ることができるのは、どんなときかを話してください。

「難問を解決し、ヒット商品の開発ができて会社から表彰されたときです。日東精工の歴史の一ページに自分の商品が刻まれたと思えたのです」

これは立派な答えです。全社広しといえども、このことは私の右に出るものはないと、ナンバーワン、オンリーワン宣言ができるものがある。自信を持ってアピールできるものがあるというのは大きな強みでしょう。

そんなに大それた経験はない、という方。もちろん「約束した時間を必ず守る」とか、「誰よりも5S（整理・整頓・清掃・清潔・躾）ができている」など、そんな日常的な答えも立派ですね。

こういった質問は答えも大切ですが、答えを導き出すために考えることが重要。自分の仕事を振り返り、意識が高まり、先の取り組みへの力が湧いてくるものです。

71

一年前の自分と どれだけ変わりましたか?

成長度の計り方

前項からの質問の続きです。

問3　一年前の自分とくらべて、どれだけ自分が変わりましたか? 自分の腕前は? 考え方は? 変化度イコール成長度と受けとめて自分自身を点検してみてください。

若さとは柔軟性であり、変化適応性です。ところが、最近は社会構造の変化からか、若いうちから若年寄が増えて、年齢は若いのに考え方は四〇代、五〇代と変わらぬような人が増えています。これは会社にとっては困りものです。現在の仕事さえも次第に重荷になってきます。今のうちに惰性を断ち切らなければ、時代から大きく取り残されてしまいます。ベテランのみなさんはいかがでしょう。同じく一年前の自分と今をくらべてみてください。

若手でもベテランでも、人によっては日々新しい変化の連続で、三ヵ月ぐらいしか経っていないのに、会うと別人のように成長している人もいます。このような人に会うのは楽しいものです。

話をしていても未来の夢が次々と出てくる。目は未来に向かって輝いている。このような人たちが会社の次代の担い手になっていくのだと思います。

一度、自分自身を変化度という物差しで棚卸ししてみてください。自分に欠落したものを発見したら、それを未来への課題につなげてほしいのです。

72

リーダーがメンテナンスしてほしい資質

後に続く美しい航跡を

湖面を船が走る、すると、船尾が泡立ち、やがて一本の白い線になり綺麗な波紋が広がります。航跡の美しさが風景に趣《おもむき》を添え、それが人の心をとらえます。

人を指導する立場の人間も、後に続く者に対して美しい航跡を示せたらいいですね。

私たちの会社ではリーダー像を次のように求めています。

・職業に応じた美意識＝プライドがあり手抜きもなく、仕事の出来映えが美しいこと。
・専門知識と技術が真似のできないレベル＝得手を持っていること。
・異分野の学習もこなす＝技術職でも文系の知識、事務職でも理系のセンスを持つ。
・いうべきことをいい切る＝本人が気づいていないことまで察知しアドバイスする。
・人前で疲れた姿を見せない＝タフさと凄みを感じさせる。
・潔さを大切に＝いい訳や弁解をしないで挫折をバネにして立ち直ってみせる。
・ケアが行き届く＝配慮、面倒見、綿密性などにおいて、尋常ならざる心配りができる。
・嘘をつかない＝清廉潔白で正々堂々と、しかも礼儀正しい振舞いをする。

73 時間を消費せず蓄積していこう

森を育てる

「森は時間の蓄積である」といういい方があります。確かに、今、急に一万本の苗木を植えたからといって、これを森とはいいません。

樹齢何百年という老木もあれば、その実が落ちて、芽をふき成長する若木もある。長い時間の蓄積の中から、一つの森が形成されていくのです。

会社もまた一つの森だといえるでしょう。多くの先輩たちが流した汗が今の会社をつくりあげてきたのです。それはまさに時間を蓄積してきた結果だといえるのではないでしょうか。

私たちの人生も同じです。三年前、五年前と今とは何の変わりもない。これではただ無為に時間を消費してきたといわれても仕方がありません。

時間は、お金に変わり貯金という形で蓄積される場合もあれば、教養、あるいは技術という形で蓄積される場合もあるでしょう。いずれにしても、昨日よりは今日、今日よりは明日と時間を蓄積しながら、人生という森をつくっていってほしいと思うのです。

日東精工も一九三八年に創業、以来、ねじの技術を追求し多くのノウハウを蓄積してきたことを誇りに思います。

74

青春に再上映はない

自分を振り返る

青春に再上映はありません。映画やテレビは録画することができますが、誰の人生にも再上映はないのです。一日一日を大切に自己実現したいものです。

マザー・テレサの言葉をご存じでしょうか。

「わたしたちのすることは、大海のたった一滴の水にすぎないかもしれません。でもその一滴の水が集まって大海となるのです」

自分を、ちっぽけな存在だと卑下したりしていませんか。この世に生まれてきてよかったと思えなくなったとき、この言葉を思い出してみてください。

次の言葉は当社の新入社員教育のときに、必ずといってよいほどに伝えられるメッセージです。

青年の魅力は若さです。

若さとは情熱です。

情熱のほとばしるところ勇気が湧く。

勇気をもって困難を克服するところに、あなたの歴史がつくられます。

どうか、これから勇気をもって、皆さんの歴史の一ページ一ページを大切に刻んでください。

75

ほんものとは飽きないもの

個性のつくり方

いい絵は見飽きない。いい音楽は聞き飽きない。いい本は読み飽きない。

よいものは何度も繰り返し味わいます。それに、若いときの印象と、ある程度年を重ねてからの印象とでは味わいが異なったりしておもしろいものです。

人間も、「この人はほんものだ」と思えるような人と語り合うときには飽きがこない。

汲みつくせないほどの深さ、含蓄と新鮮な話題の広さに惹きつけられます。「あの人は飽きのこない人だね」といわれることは、最高の賛辞でしょう。

老舗を表現するのに「古い店」というのは、ふさわしくありません。老舗とは「勝ち抜いてきた店であり、長年客を飽きさせない店」というべきでしょう。伝統の灯は革新の手段によって灯し続けられるといいますが、まさにその通りです。

それにビジネスのことも、日本語では商《あきない》といいますね。

当社の誇りは製品にロングセラーが多いこと。たとえばちょっと長い名称ですが、「可搬式ねじ供給装置付き自動ねじ締め機」は、一九六五年に発売されて五〇年近くになるのですが、現在も売れ続けています。もちろん、当初のものに改良が加えられて効率は発売当初よりも高まってはいますが、基本設計は変わっていません。ねじを一本ずつエア搬送し、自動的にドライバーに供給するという設計です。

ベストセラーも必要ですが、飽きのこないロングセラーも同時に追求しなければいけません。

76

遠くのゴールを見つめよう

計画の実現には日付が必要

「計画とは夢やロマンに日付を入れること」

これは、当社の社員には耳にタコができるほど繰り返し伝えている言葉です。

夢やロマン、あるいは希望を持つことは確かに大事です。でも漫然と「そうなったらいいなあ」と思うぐらいではそれはなかなかかなわない、ましてや「でもやっぱり難しい」とか「夢のまた夢」とネガティブマインドなら「実現」はどんどん遠のいていってしまいます。

大事なことは信念を持って可能だ、かなうと思い続けること。そしてさらに大事なことはそれに向けてしっかりとしたビジョンを描くこと。つまりこのときはこうするといった日程表を組み立てることです。

夢というゴールを定め、到着地点から逆算して、どの時点では、どんなことを用意したり、なさねばならぬことは何かと鮮明に意識することです。

当社では『経営幹部のガイドライン』という社内テキストに、日付を入れるチャートを掲載しています。時期に応じて各人が売り上げ目標であったり、新規開発であったり、それぞれのゴール（目標）を記入し、確認するためのものです。

ところでマラソンのランナーたちはスタートした地点から四十数キロ先のゴールを、心の中で見るようにしているといわれます。ラストスパートはどこでかける、折り返し地点の辺りではどう走るかなどといったことを、ライバルとの駆け引きも考えてのコース展開です。

しかし周囲の選手の動きに気をとられたり、つられたりするとピッチが速くなったり遅くなったりで、自分のペースを崩してしまい、よい成績が残せません。だから調子がイマイチだと思ったら、意識的に遠くを見るようにするそうです。

こう考えると、私たちの仕事もマラソンのようなところがありますね。

もし仕事に行き詰まったら、一度、目先のことから離れて、遠くの成果を心に思い描いてみてください。思わぬ解決策が見つかったりするのではないでしょうか。

77

「ありがとう」のチェックリスト

いくつ使っていますか

当社の社是「我らの信条」は、「感謝の心を仕事に活かして　社会に貢献する」で結ばれています。「ありがとう」の言葉は私たちの究極の合言葉ともいえるのです。

叱ってもらい、教えていただき、ありがとう。
色々な情報を届けてくれて、ありがとう。
ほめてくれて元気が回復、ありがとう。
電話をもらいさびしさが消えた、ありがとう。
メールをもらい嬉しい、ありがとう。
ユーモアある笑いをくれて、ありがとう。
大切なことを話してくれて、ありがとう。
感動、感激させてくれて、ありがとう。

失礼を許してくれて、ありがとう。
いつも気にしてくれて、ありがとう。
蔭から見守っていてくれて、ありがとう。
こんな私を育ててくれて、ありがとう。
お洒落なプレゼントをくれて、ありがとう。
私の気持ちをわかってくれて、ありがとう。
手をつないで励ましてくれて、ありがとう。
難しいとき手助けしてくれて、ありがとう。
誘ってくれて嬉しい、ありがとう。
いい人を紹介してくれて、ありがとう。
いつも親切にしてくれて、ありがとう。
素直に謝ってくれて、ありがとう。
一緒に時を過ごしてくれて、ありがとう。
毎日頑張って働いてくれて、ありがとう。
お祝いしてくれて、ありがとう。

優しくしてくれて、ありがとう。
話を聞いてくれて、ありがとう。
私のことを気づかってくれて、ありがとう。
手伝ってもらい、ありがとう。
相談にのってくれて、ありがとう。
いつも信じてくれて、ありがとう。
・・・・・・・・、ありがとう。
・・・・・・・・、ありがとう。
「ねじ」さん　ホントにありがとう。

たかが１本のねじに気づける感性

小山宙哉さんの人気漫画『宇宙兄弟』にねじが登場しているのを知っていましたか？　宇宙飛行士を目指す主人公は、JAXA（宇宙開発機構）の二次面接で、自分が座ったいすのねじがゆるんでいることに気づき、面接に集中できなくなってしまいます。しかし、これは面接官の１人が仕込んだイタズラ。結局そのゆるみに気づいた主人公は面接に合格することになります。

たかが１本のねじ。されど１本のねじ。「小変」に気づける感性が大切なのですね。

ねじの仕組み――どうしてねじは締まるの？

ねじと聞いたとき、らせん形のねじ山を思い浮かべる人は多いでしょう。実は、このらせん形こそ、ねじがモノとモノを締結するときに重要な働きをしているのです。

図のように、2つの板AとBをねじで締結するとします。ねじが締まるにつれて、板Aには押さえつける力が加えられます（←方向の力）。逆に、板Bにはらせん形のねじ山により、巻き上げられる力が働きます（→方向の力）。このように、らせんの力により逆方向の力が相互に働きあい、板を強固に挟み込むことで2つの板が締結されるような仕組みなのです。

これを専門的にいうと、軸力と摩擦力の働きになります。力の伝達をうまく利用した、賢い構造になっているのですね。

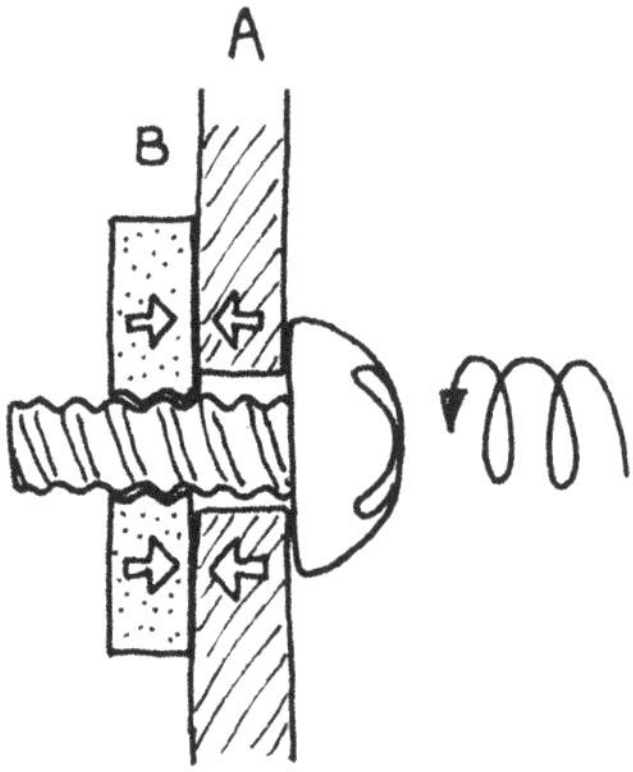

ねじのつくり方――変わらない製法

ねじは戦後の優等生。戦後、モノの値段が値上がりするなか、ねじはあまり変わらない価格で推移しています。変わらないのは値段だけではありません。基本的な製法もずっと同じままなのです。

ねじは、①圧造（ヘッダ）、②転造（ローリング）、③熱処理、④めっき、⑤検査、⑥梱包、⑦出荷という７つの工程を経て製造されます。今回はその中から「圧造」と「転造」を紹介します。「圧造」ではねじ頭部の加工、「転造」ではねじ山の成形が行われます。

「圧造」・工程❶
必要な長さに切断した線材（ねじの材料）を金型に挿入し、第１パンチで圧力を加えおおまかな頭の形を成形します。

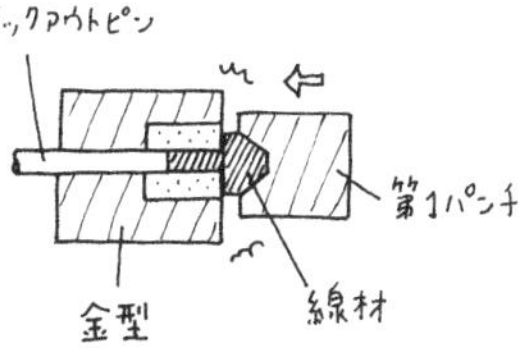

工程❷
第２パンチでは最終的な頭の形や寸法を整え、このとき駆動部（十字穴等）もつけられます。

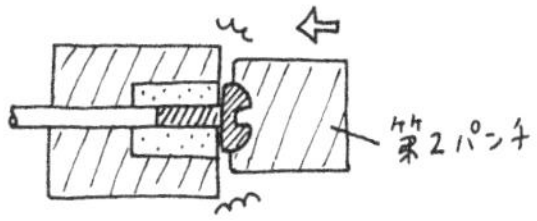

工程❸
ノックアウトピンで後方からねじを突き出し、ねじ頭部の成形は完了です。

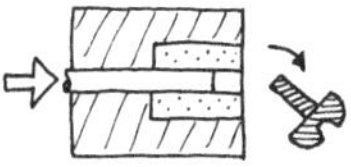

「転造」・工程
転造ダイスという２枚の板（固定側・移動側）でねじ部を挟み、移動側を平行移動させて５、６回転がすことで、ねじ山をもみあげます。この手法を「平ダイス転造」といい、こうしておなじみの形ができあがるのです。

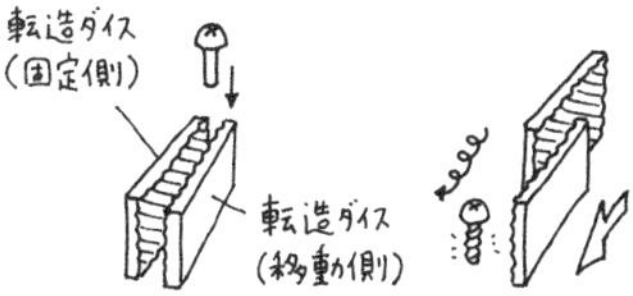

あとがき

最適なモノづくりに終わりはありません。

技術も製品もサービスも常に進化（深化）させていくものです。私たち日東精工は「締結・組立・計測検査」分野のリーディングカンパニーとして、国内外、広く普《あまね》く多くの方々に貢献していきたいと考えています。

日東精工の社是「我らの信条」の中に「我らは　よい貢献をする」があります。

我らは
よい貢献をする
我らが日々の勤めに
いそしむことが出来るのも

社会の恩恵による
感謝の心を仕事に活かして
社会に貢献する

この言葉を社員一同毎日唱和しています。

当社がある京都府綾部市は、由良川の清流が流れる山紫水明の地であり、また、もともとモノづくりの街として歴史を持つ土地でもあります。モノとモノをつなげるねじの会社が、地域の人と人をつなげることにも貢献していきたいと常々願っておりますし、本書をみなさまにご紹介できたことも、地域貢献、社会貢献につなげられるものではないかと思います。

本書の元になった当社の人財教育は、経営コンサルタントの蒲田春樹先生に四〇年以上にわたりお願いをしております。「はじめに」でご紹介した三冊のオリジナルテキストの作成のみならず、今回も監修者のお立場で細かいところにまで目配りをしていただきました。

ポプラ社の奥村傳社長様、編集ご担当の浅井四葉様、天野潤平様には私どもねじづくりに直接かかわる者とはまったく違う視点での感想、あるいは鋭いご指摘をいただき、とても勉強になりました。読みやすくわかりやすく仕上げていただきました。

絵本作家のヨシタケ様のかわいいイラストとモリサキデザイン様のブックデザインで、楽しく親しみやすい本にもなりました。

またもともとの企画を立案いただいたワードスプリング様には、ねじの大切さ、ねじの魅力をたくさんの人に知っていただく場をポプラ社様につなげていただきました。改めて、『人生の「ねじ」を巻く77の教え』にかかわったすべての方々にお礼を申し上げます。

お読みくださった方、ありがとうございました。少しでも何かのお役に立てたのであれば、これほどうれしいことはありません。そして、いつもではなく、ときどきでかまいませんので、ねじのことを思い出し、その大切さに思いをめぐらせていただければと願います。

平成二六年四月

日東精工株式会社 代表取締役社長　材木 正己

日東精工株式会社

1938年創業、東京証券取引所一部上場のねじメーカー。自動車や家電メーカーなどに一般ねじから精密ねじ、さらには極小ねじを供給するほか、ねじ締め機、計測検査機器などモノづくりにおいてなくてはならない基盤製品を生産。本社をおく京都府綾部市を中心に国内、海外(6ヵ国)へグローバル展開しながら、人と人とのつながりを大切にする「絆経営」を心掛けている。

人生の「ねじ」を巻く77の教え

2014年５月13日　第１刷発行

著者……日東精工株式会社 企画室

テキスト監修……蒲田春樹

企画協力……株式会社ワードスプリング

発行者……奥村 傳

編　集……浅井四葉・天野潤平

発行所……株式会社ポプラ社
〒160-8565 東京都新宿区大京町22-1
電話 03-3357-2212（営業） 03-3357-2305（編集）
0120-666-553（お客様相談室）
ファックス 03-3359-2359（ご注文）
振替 00140-3-149271
一般書編集局ホームページ http://www.poplarbeech.com

印刷・製本……中央精版印刷株式会社

N.D.C.914/158P/19cm　ISBN978-4-591-14005-5